地域社会の未来をひらく

遠野・京都二都をつなぐ物語

遠野みらい創りカレッジ=編著

文化とまちづくり叢書

水曜社

本書刊行に当たって

　2013年2月23日、神戸三宮・貿易センタービルの中にあった神戸市のデザイン・センター・ビルで、神戸松蔭女子学院大学の青谷実知代・池田清両先生が主宰されたシンポジウムが行われました。
　私はコーディネーターを仰せつかり、同大学のゼミナール学生諸君、岩手県遠野市長・本田敏秋氏、熊本県人吉市・青井阿蘇神社語り部立石芳利氏、富士ゼロックスの研究／計画部各位が地域の実態を踏まえた話題や課題の提供をされ、地道なご活動の交流の機会でした。
　神戸松蔭女子学院大学の青谷ゼミナールの学生諸君は、各地における伝統文化から学び、地元の食材などを生かした地域ブランドづくりに取り組む実習を重ねておられ、その魅力に惹かれて多くの関係者が参加されたと思います。その場における本田市長の話題提供は、今でも忘れることはできません。
　本田市長は、遠野は大震災復興支援で海岸部自治体などの惨状を知って自発的にみずからの力で救援を行い、以後も、持続的な支援活動を行ってきたこと。しかし、肝心の足元の方は毎年、人口が5％ずつ減少するありさまであることなどを、熱く語られました。
　その中で、震災後に持ち込まれる話は、復興需要を見越して低コストのホテルやテレホンセンターを建設し5年で投資を回収して引き上げるというような、余りにもひどい話であり、市長は「そのような事業を遠野に持ち込まれるなら私が先頭に立って反対する」と発言されたことは大変印象的でした。
　また、この場には、富士ゼロックス株式会社の復興推進室長・樋口邦史さんも参加されていました。同社は震災後復興支援を目的として組織をいち早く立ち上げ、沿岸被災地を支援してきたのですが、被災地を後方から支援してきた遠野市の皆さんと未来を共に考える「みらい創り」活動について発表されたことを記憶しています。
　その後、その活動が遠野市との共同プロジェクトに発展し、閉校となった地域の中学校を活用し、触れ合うように学ぶ場として「遠野みらい創りカレッジ」が誕生したことは、同じく閉校を利用させていただき、京都で市民大学院を開

校している私たちにとって、研究の場所がさらにひらかれたような、思いがけない期待をも感じさせられました。そのカレッジでは、コミュニケーション技術を用い地域の課題解決と企業の価値向上の両立を狙う、新たな方法が試されていました。そこで、2014年のカレッジ開校を機に「遠野・京都文化資本研究会」の立ち上げを京都側から提案し、京都と遠野、双方での研究会を実施してきたのです。

　復興支援で私ども研究者にできますことは、社会奉仕で各地の実態調査をしながら、文化による"まちづくり"を支援してきた経験を活かして交流の場を生み出し、遠野をはじめ各位の貴重なご経験、物語を世に出して内外の読者に知っていただくこと。そして、そこから「よい智慧」がうまれる基盤をつくることです。「遠野みらい創りカレッジ」は、その「場」として最適なハードとソフトを提供してくれるはずです。

　人口減少などという困難な課題には、すぐに答えが出ません。しかし、書物という形をとって、遠野の実績や問題点をまとめて出版し、多くの図書館などに入れていただいて、次世代や後世に伝えること。そのための「場をつくる」仕事こそ、この「基盤づくり」です。その意味では、黒子に徹して、「場をつくり」「場を活かして遠野人が自由に活動される」よう努力する。そのなかで遠野人は自ら目標を発見され実行されるでありましょう。

　これが本書刊行の事情です。各位の御理解によりまして話題がひろがり、「遠野みらい創りカレッジ」の発展に対して文化的、経済的にサポートができればと念じております。

遠野みらい創りカレッジ 遠野・京都文化資本研究会代表
池上　惇

本書の構造

　本書は、2014年4月8日に開校になった「遠野みらい創りカレッジ」のプログラムのひとつ「遠野・京都文化資本研究」でのそれぞれの研究を総合する形で開催された同年11月の「遠野分科会」での議論を踏まえ、「遠野と京都それぞれの地域創生のために必要な"伝統文化や産業を次世代へ継承する力量"をいかにして培えばよいか」という問いを基に、双方で研究を進めた結果生み出されたものです。

　実は、遠野側は、本研究会の代表である池上先生の「遠野は文化資本を次世代に引き継ぐ力量を自ら開発せねばならない」との呼びかけに対し、最初は戸惑いを隠せませんでした。なぜなら、東北の岩手県の地方都市である遠野市は、歴史や文化を比較しても京都には敵うものではない、と遠野側からの参加者ほぼ全員が感じたからでした。しかし、京都にもまして他の地域、特に東国の中心地だけでなく西国とも交易や文化交流が行われ、さまざまな知識が集積していた点で、遠野は「雅な」都であった京都とは比べものにならないほど「生き抜く力の宝庫」であったことは歴史が示しているのではないだろうか、こんな議論がなされ始めたのです。そこで、研究会のメンバーは、遠野が抱える農山村の産業が「どのように困難に立ち向かってきたのか」という歴史をひもとくことから、この研究会の問いに応えようとしたのです。

　同じように、京都も政治や武家の争いに翻弄され、日々の暮らしもままならないような困難を克服してきたことは誰もが知っている歴史的事実でしょう。言い換えれば、大量消費地である京都だからこそ必要な、"安全・安心な暮らしの保証"が、歴史を培ってきたといえるのはないでしょうか。従って、遠野、そして京都それぞれの地域の関係者（ステークホルダー）である、「政治（行政）」「産業（企業）」「市民（コミュニティ）」「専門家（大学または研究機関）」が「文化資本を次世代に引き継ぐ力量＝地域が生き抜く力」をどのように開発したら良いのか。これが、私たちの共通の研究テーマとして取り上げられ、特に遠野分科会の場で話し合われてきたのです。

　一方、震災後の復興支援活動を振り返ってみますと、行政や市民、企業と

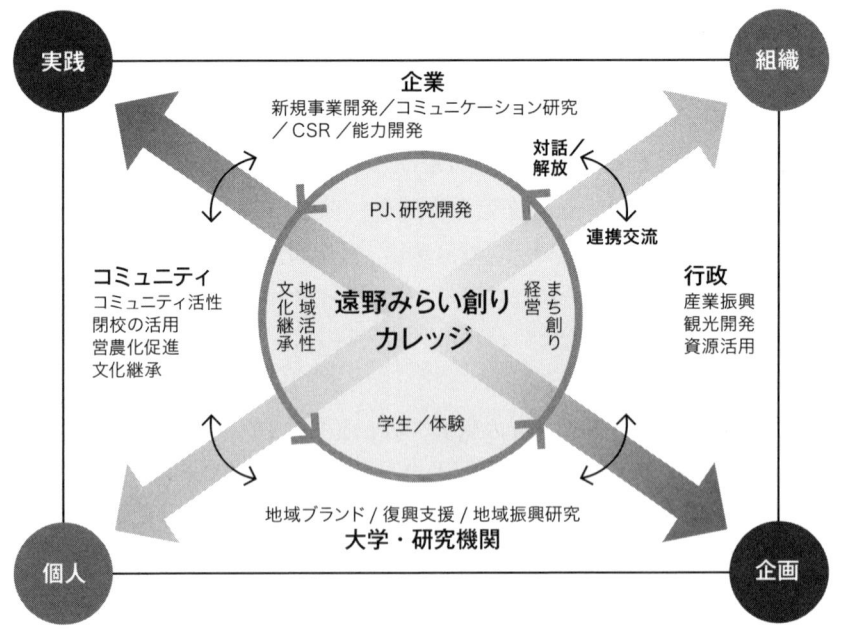

参考図：地域の未来を創る「遠野みらい創りカレッジ」の位置づけ

研究機関、それぞれが連携した支援活動がどれほど実践できたでしょうか。遠野には困難に立ち向かってきた歴史がありながら、外部の企業や研究機関はそれを基に今後の支援のあり方を示すことができたでしょうか？ 安全安心な暮らしを勝ち取ってきた京都は、行政やコミュティと連携して被災地や被災地を支援し続けた地域の、日常の暮らしを取り戻すためのノウハウを示すことができたでしょうか？ 産官学連携と念仏のように唱えながら支援を続けてきた我々に、新たな課題（問い）がつきつけられたのが現実なのです。

　本書は以上のような問題意識を共有した研究会での議論をベースに、以下の三部構成で、遠野・京都文化資本研究会及び、そこに投稿された論考を「地域創生のために必要な、"伝統文化や産業を次世代へ継承する力量"をいかにして培えばよいか」という共通の問いに関係者全員がそれぞれの目線で応える形に編集させて頂きました。

① 地方（遠野）のコミュニティや行政としての思いと実践活動
② 企業として地方と向き合ってきた「他へ展開可能な研究方法」或いは「実践事例」
③ 日常から他地域（京都）の研究団体として考えてきた地方創生への思い

　企業として遠野や釜石にお邪魔して感じてきたことですが、行政と市民は特に「企画（政策）」と「実践（サービス）」の狭間で対立しがちであることがわかりました。また企業と研究団体はそれぞれの活動の中に「組織活動（営利）」と「個人研究（非営利）」に代表される違和感を生じさせていることにも気づきました。それぞれの目的を達成しながら、それぞれの価値を高め合う活動はできないのだろうか？このような関係者の思いを解決すべく「遠野みらい創りカレッジ」は、各機能（企画と実践、組織と個人）が「コミュニケーション技術」によって互いの価値を確かめ合い、認め合いながら、関係性を向上させることによってそれぞれの成果を確かなものにさせる場として設計され、設立されました。
　遠野は京都の研究者によって、みらいのあるべき姿、つまり平安な暮らしと文化を伝承するための智慧を身につけることができるようになりつつあります。逆に、京都は困難に立ち向かった地方都市、被災地を後方から支援してきた遠野市の活力を目の当たりにし、自らの足元で起きている産業空洞化現象等への処方箋を得ようとしています。本書では、産官学、そして都市と地方がそれぞれの特徴を活かして互いに影響し合い、それぞれが成果を獲得して価値を高め合う工夫を、読者各位に提示できることを誇りながら、遠野と同じような地域が、より一層の改善をめざした活動のために、本書の情報や工夫を活用いただければと、願ってやみません。

遠野みらい創りカレッジ 総合プロデューサー
樋口 邦史

未来へつなぐ遠野スタイル
―― 「縁」と「絆」をまちづくりの力に

岩手県遠野市長 本田 敏秋

　遠野市は、柳田國男先生による不朽の名作『遠野物語』でその名を全国に知られることとなったまちである。

　本書が発刊された明治43年の日本は、急激な近代化と町村合併の推進により、小さなまちやむら、集落の固有の文化が失われていった時期であった。そして約100年後の現代においても同様に、日本の国の根幹をなす地方が疲弊し、人口減少による消滅の危機をむかえている。

　遠野市もこの避けられない課題に向き合いながら、『遠野物語』により日本の原風景として価値づけられた豊かな自然、郷土芸能や民俗を守り伝える努力を続けてきた。その過程で培われた人や地域の絆が現在のまちづくりの基礎であり、また東日本大震災においては後方支援活動の原動力ともなった。

　当市は岩手県の中南部に位置する盆地で、古くから沿岸と内陸を結ぶ交通の要衝として発展してきた。市史には南部藩政時代や近代釜石製鉄事業などの歴史的・産業的交流のほか、明治29年の明治三陸地震津波の際に救援基地を設置し、あらゆる牛馬・車両を総動員して救援物資を輸送したという災害支援の記録がある。

　遠野は海に面していないから関係ないのではなく、被害がないからこそ果たすべき役割があることを歴史から自覚し、これまで津波災害救助を想定した防災訓練や後方支援拠点整備に向けた組織づくりなどの取組みを重ねてきた。

　この活動が東日本大震災での官民一体となった後方支援活動へとつながったのである。当市は自衛隊、消防、警察、自治体、ボランティア団体などの支援隊を市内144ヵ所における集会施設において受け入れ、その拠点を集落ネットワークと市民協働という地域コミュニティの力が支えた。

　遠野市が支援拠点となったのは偶発ではなく、つなげる役割を担ってきた歴史的な背景と、ふるさとの文化を守り伝えることで育まれた地域力があったからこそである。

震災から4年が経過した今もなお、沿岸地域では多くの方が仮設住宅暮らしを余儀なくされ、暮らしの再建は依然厳しい状況にある。また、生活基盤の復旧のみならず、まちの記憶ともいうべき文化や人の絆が、未来に引き継がれることが真の復興であろうと思う。
　途上にある復興への歩みを支えているのは支援活動により新たに生まれた縁の力である。震災によって私たちは、自治体間での水平連携や官民一体といった、人と人、地域と地域との「縁」が結ぶ「絆」が、支援への強い力になるという教訓を得た。
　遠野が今後も人と活動を結ぶ拠点としての役割を果たしていくためには、まずは自身が身近な地域の力により守ってきたまちに外部のコミュニケーションや視点を取り入れることで、人口減少に負けない地域づくりを実践していくことが必要である。
　当市は多くのご縁から、地域との対話を重視し、被災地にとどまらない地方が抱える課題と向き合った復興支援活動をしてこられた富士ゼロックス株式会社と出会うことができた。
　そしてコミュニケーションによる地域づくりへの双方の思いから、協働運営による拠点「みらい創りカレッジ」が誕生した。この旧土淵中学校校舎を活用したカレッジでは、人口減少、少子高齢化、教育・文化の充実などの地域課題に対し、産学官民と近隣地域の連携による解決手段の構築をめざした活動が繰り広げられている。平成26年4月の開校以来およそ4,000人に及ぶ全国の企業人や大学生が集い、地元の住民や中高生との交流が生まれている。
　遠野市は、人と人、地域と地域、文化・風土を未来へと「つなぐ」ことをまちの力としてきた。
　官民の枠を超え地域が一丸となって、古くて新しい地域資源を磨いて光り輝かせ、次の世代へつなげる、この総合力による地域経営の姿こそが「遠野スタイル」のまちづくりである。そして、遠野スタイルを次世代に引き継ぐということは、その「人」を育て、「縁」と「絆」を引き継ぐことにほかならない。
　『遠野物語』の序文に次の一節がある。
　「願はくばこれを語りて平地人を戦慄せしめよ」
　日本中で失われつつあった遠野に残る伝承を知らしめることで、真の国の発展とは何かを問うこの言葉を、今は、地方創生の未来への、遠野のまちづくりの展望としてつないでいきたい。

復興支援と地域創生の
ありかたについて

富士ゼロックス株式会社　代表取締役社長　栗原　博

　東日本大震災から4年が経過したが、被災地の復興は未だ道半ばといってよいであろう。道路や通信などのインフラは徐々に再整備されてきたものの、仮設や復興住宅での安全・安心な暮らしの確保、沿岸を中心とした産業振興や雇用創出といったソフト面の仕組みづくりが追いついていないのである。

　富士ゼロックスは震災以降、岩手県盛岡市に復興支援の拠点を設置し、被災地やその周辺地域で、どのようなニーズや真の課題が埋もれているのかを、現地・現物を確認させていただくことで深掘りしていった。そのために実施してきたのが、被災後に仮設で診療を開始されている医療機関への複合機の無償貸出しであった。岩手の県北地域から気仙地域まで、およそ20ヵ所に2年間複合機をご活用いただいたが、弊社としてもこの貢献を通じて、医師や看護師の方々が抱える悩みや、患者の皆様の要求や困りごとを直接見聞きでき、それらに対する対応策の検討を現地で確認してきた。その結果、課題をお持ちの方々と直に向き合いながら、弊社が得意とするドキュメント管理技術を応用して、釜石医療圏における在宅・訪問診療を専門とするクリニックを中心に、老人ホームなどの他施設との連携を促進するサービスの開発に成功した。この活動を通じて、被災地やその周辺地域の未来のためには、企業ワンサイドの貢献では不十分で、コミュニティの課題と真摯に向き合い、継続的・長期的に価値を共有できる仕組みづくりが必要なのだと痛感することとなった。

　一方、釜石から一時間ほど内陸に入った遠野市は被災地の後方支援拠点として、復旧や復興に大きな役割を果たしてきた。弊社も、沿岸地域への中継拠点として訪れるたびに、自然に遠野の皆様と交流を進めさせていただいた。そしてその活動を「地域と共に取り組むみらい創り」と位置づけ、長年研究を進めてきたコミュニケーション技術を駆使して、本田市長をはじめ、遠野市民の皆様や遠野市を訪れる研究機関の方々などとの「対話会」の企画を推進してきた。そこでは、多様な方々とのコミュニケーションを通じて、具体的な被災地や遠野のみらいを

テーマにした「知の創造」が、約1年をかけて話し合われてきた。その結果、「触れ合うように学ぶ場」というコンセプトが生み出され、市民の皆様が主体的に学びあう「遠野みらい創りカレッジ」が誕生することとなったのである。

現在、閉校になってしまった旧土淵中学校を遠野市からカレッジの本校としてご提供いただき、富士ゼロックスがカレッジの運営ならびにコミュニケーション技術をベースとした「学びのプログラム開発」を実施している。2014年4月の開校以来企業や大学などから4,000人に及ぶ利用者がここに集い、地域の人々と未来を語り合い、地域の課題を解決するための研究や技術開発に取り組んでいる。池上先生をはじめとする市民大学の方々による遠野・京都文化資本研究はその代表的なものといってよいであろう。

富士ゼロックスにも、カレッジを通じて、行政や市民の皆様から相談や依頼事項が多く寄せられている。それらの事項は、日本中の多くの地域にも共通する課題であるものが多く、相談を持ち込まれた方々と共に、技術やSolutionの開発に取り組むことができるという「新たな価値創造の場」を得ることができた。関係各位に深く感謝の意を表したい。

昨今、地域社会と共通な価値をシェアする活動を通じて、企業の新たな成果獲得に結びつける経営に注目が集まっている。遠野で取り組む「みらい創り」実践の目的は、富士ゼロックスがコミュニティの課題に向き合い、社内外の技術を活用してその解決策を目に見えるようにすること。それによって、地域の各位と共に"みらい創りの価値"を発見し共有しつつ学びあい育ちあうこと、を目的としている。釜石でも実践してきたように、企業側の論理を押し付けるのではない、コミュニティを中心においた具体的な課題解決を推進する。私どもは、これらを通じて、企業自体も品格を高め文化的価値を向上しうる貴重なプロセスと位置づけ、遠野のみらいを「日本全国のみらい」へとつなげる活動を多くの方々とともに、今後も継続し発展させてゆきたいと考える。

いまこそ、心の創生を

京都市長

門川 大作

　長い時を超えて語り継がれてきた「物語」は、古来先人たちが大切に磨き上げてこられた精神文化の結晶。そこに込められた豊富な智恵や教訓、哲学は、私たちが今をどう生きるべきかを指し示す道標（みちしるべ）になってくれます。

　同様に、東日本大震災からの復興や人口減少などさまざまな課題に真摯に向き合い、果敢に行動してこられた皆様の足跡というこの「物語」もまた、多くの人々に対して未来を明るく照らし出す大きな役割を果たすものと存じます。この度の『地域社会の未来をひらく──遠野・京都二都をつなぐ物語』の御発刊を、心からお慶び申し上げます。

　京都と遠野の皆様が、震災被災地支援の貴いお取組をきっかけにつながり、それぞれの地域のより良い明日に向かって力を合わせておられることは大変心強い限りです。世話人代表をお務めの池上惇先生をはじめ市民大学院関係者の皆様、高いお志を持って日々学びを重ねておられます皆様に、深く敬意を表します。

　折しも昨今、人口減少と地方の活性化が国レベルで重要課題として取り上げられ、「まち」「ひと」「しごと」の創生が取組の柱に掲げられています。それに加えて私は、夢や希望、誇り、暮らしの哲学、生き方の美学、人と人との絆など、社会の土台である「こころ」の創生が極めて重要だと考えています。「人口の過疎」「地方の消滅」はもちろん、「こころの過疎」「日本のこころの消滅」も、憂うべき問題としてしっかりと目を向けていかなければなりません。

　京都は「源氏物語」をはじめ数々の古典を生んだまちであり、遠野は多彩な民話・説話のふるさととして名高いまちです。まさに、心を豊かに育む物語の素晴らしさ、即ち精神文化の大切さをよく知る皆様の地方創生の御活動は、全国の取組を力強く牽引するものと確信しています。

　京都市でも本年1月、私を本部長とする「まち・ひと・しごと・こころ創生本部」を設置し、全庁を挙げて取組を進めているところです。これからも皆様のお取組に力をいただきながら、こころ豊かに、住んでよし、働いてよし、結ばれてよし、子

どもを産み育ててよし、学んでよし、訪れてよしの、京都ならではの地方創生に全力で取り組んでまいります。どうぞ皆様の御支援、御協力をお願い申し上げます。

結びに、本著の御出版を機に京都・遠野の両市の皆様の交流がさらに深まりますこと、その中でそれぞれのまちづくり、人づくりが一層充実したものとなりますことを心から祈念いたします。

目次

本書刊行に当たって
遠野みらい創りカレッジ・遠野・京都文化資本研究会代表　池上　惇

本書の構造
遠野みらい創りカレッジ　総合プロデューサー　樋口邦史

巻頭メッセージ
・未来へつなぐ遠野スタイル
　遠野市 市長　本田敏秋
・復興支援と地域創生のありかたについて
　富士ゼロックス㈱ 代表取締役社長　栗原　博
・いまこそ心の創生を
　京都市 市長　門川大作

第一部
現代の遠野物語──歴史から学び未来をひらく

第一章　遠野スタイルから未来を創る ……… 18
遠野みらい創りカレッジ編
はじめに──旅人が語る遠野の自然や文化の魅力 ……… 18
Ⅰ　遠野物語による、まちづくり村おこし ……… 21
Ⅱ　新たな公共経済・共通資産・遠野ツーリズムの登場 ……… 25
Ⅲ　遠野スタイルによるまち創り ……… 27
Ⅳ　今後の課題と展望 ……… 38

第二章　未来を創る人々の物語──遠野で暮らすとは ……… 42
Ⅰ　遠野民泊のすすめ ……… 42
　遠野山・里・暮らしネットワーク：民泊協会　浅沼亜希子
Ⅱ　永遠のふるさと遠野、現代の語り部からの伝言 ……… 54
　暮らしの充実こそ美しい環境を育てる──自然の中の労働と文化
　宮守川上流環境部会 事務局長　大石悦司
　生活のままの中に対話と民泊を ……… 57
　森の山小屋 わらしゃんど　小山美光

地域住民が楽しむ交流のための「やかましさ」がある場 ……………………… 61
　　　里山クラブやかまし村 事務局　田村隆雅
　　共に創る遠野の未来 ……………………… 64
　　　まつだ松林堂　松田和子
　　廃校の活用と遠野の伝統野菜「早池峰菜」……………………… 66
　　　遠野早池峰ふるさと学校　藤井洋治
　　夢の実現に向けて歩んだ20年 ……………………… 68
　　　あやおり夢を咲かせる女性の会　菊池ナヨ
　　大槌復興米の物語によせて ……………………… 71
　　　遠野まごころネット 代表理事　臼澤良一
　　奇跡のお米の物語 ……………………… 73
　　　菊池 妙
　Ⅲ 里山里地で馬と育ちあう ……………………… 74
　　　馬人　菊地辰徳

第三章 遠野スタイル"超高齢者いきいき物語" ……………………… 88
　超高齢社会幸福度研究者 市民大学院　冨澤公子

第四章 蒼き山脈が育む文化と伝統 ……………………… 100
　遠野みらい創りカレッジ 総合プロデューサー　樋口邦史

第二部
企業の語り部が紡ぐ新・遠野物語

第一章 地域と企業の共通価値を創造する　"みらい創り"活動 ……………………… 112
　―釜石市・遠野市における復興支援活動を例として
　富士ゼロックス㈱ 復興推進室
　Ⅰ 被災地釜石市の現状と課題解決方法 ……………………… 115
　Ⅱ 被災地支援に向き合った遠野市 ……………………… 121
　Ⅲ 取り組むべき課題の発見をめざしたみらい創りキャンプ ……………………… 126
　Ⅳ 遠野みらい創りカレッジの設立 ……………………… 130

第二章 地域のみらい創りに必要な技術 ………………………………………… 138
　富士ゼロックス㈱ コミュニケーション技術研究所

第三章 みんなで描く未来の姿 …………………………………………………… 159
　未来新聞代表　森内真也

第三部
遠野から学ぶ京都の営み
——今後の研究会への展望

第一章 遠野から学ぶみらい創造・地域創生 …………………………………… 182
　——文化的伝統を今の産業・生活に生かす日本発の歩み
　京都市民大学院　池上 惇
　　はじめに ……………………… 182
　　Ⅰ 遠野スタイルの確立と発展 ……………………… 193
　　Ⅱ 大災害が生み出した東京・神奈川との縁 ……………………… 195
　　Ⅲ 遠野以外ではできない学術拠点づくり ……………………… 197

第二章 グローバリゼーションの渦に耐えて光る京風 ………………………… 202
　　Ⅰ 商人道から地域復興へ——石田梅岩と二宮尊徳 ……………………… 202
　　　教育事業家・商人道研究家　中野健一
　　Ⅱ グローバリゼーションを生かす京都文化経済の構造 ……………………… 206
　　　日本デザイン・プロデューサーズ・ユニオン理事　木林威夫
　　Ⅲ 丹後絹織物産地における文化資本クリエーション事例 ……………………… 217
　　　テキスタイルコーディネーター　越智和子
　　Ⅳ 京都西陣における今後と文化資本の発展について ……………………… 219
　　　西陣麻畠織物代表　麻畠正資

終わりに 地域の発展と文化 ——本書出版によせて ……………………… 222
　京都大学名誉教授　山田浩之

謝辞 ……………………… 225
　遠野みらい創りカレッジ 遠野・京都文化資本研究会代表　池上 惇

第一部

現代の遠野物語
―― 歴史から学び未来をひらく

編集担当　樋口邦史・浅沼亜希子・小山美光

　遠野は、市民や行政が一丸となって沿岸被災地を後方から支えてきました。遠野といえば『遠野物語』が有名なのは言うまでもありませんが、被災地の実態に合わせた支援活動も、100年以上前から遠野の先人たちが実践し、語り継いできたものです。従って、遠野は物語や伝統文化の宝庫であると同じように、支援活動に代表される交流や連携による信頼資本の宝庫と言っても過言ではないでしょう。
　第一部では、遠野に暮らす人々の営みと、それを見守り且つ向上させる行政サービスの在り方、そしてその歴史的背景を伝えることを目的としています。今後、仮にどこかで大災害があったとしても、人々が前を向いて、一歩一歩、歩み続けることができるような勇気が与えられたら。そんな思いで、遠野みらい創りカレッジ設立の舞台となった現在の遠野市の政策の背景や遠野の暮らしと歴史を、物語のようにまとめました。

第一章
遠野スタイルから未来を創る

遠野みらい創りカレッジ編

❖ はじめに──旅人が語る遠野の自然や文化の魅力

　直木賞作家、水上勉は昭和39（1964）年5月、遠野を訪れた。そして、「三陸の嶮しい海岸地帯と花巻とを結ぶ道路は、どこからきても、遠野を通過しなければならなかった。釜石線ができる前からも、遠野はこの盆地の中心であり、商業の栄えたところであった。季節が季節だったので、まだ、この辺りでは桃が咲き、桜が咲きしていた。私はまったく、のどかな、桃源郷に入った思いがした」と述懐している[*1]。

　彼の想像力は、『遠野物語』に登場する「サムトの婆」（第8話）や「姥捨」（第111話）につながる険しい山々、原始林、洞穴、"深山幽谷"を観ていた。だが、遠野郷の穏やかな表情には肩透かしを食らっている。また、市街地については「静かで、沈んだように眠っている」と表した。では、真実の姿は何だろうか。

　確かに、現代でも盛岡、花巻から遠野に入る国道は、ゆるやかな丘陵や谷合いに沿い、ゆったりと車が進む。綾織のトンネルからつながる長い下り坂の向こうに集落が広がる様子は、雄大そのもの。一方、鱒沢を通過する辺りから遠野盆地が行く手に広がり、旅人を掻き抱くように迎え入れる。その景色は四季折々に、桜色、新緑、碧青、黄金、純白と多彩で嫋やかな人に出会ったかのように心を揺さぶる。駄賃付の商人や水上が仰いだ空、そして現代の旅人が踏みしめる大地。いずれも先人たちが残した遠野の自然であり豊かな実りを生み出す篤農家が住まう農山村である。そして、今は都市生活の利便性を取り入れつつ、翻弄もされてきた「山・里・暮らしの場」である。かつては農耕馬がいななき、駄賃付の馬が内陸方面から穀類・雑貨類、海岸からは塩・海藻・魚粕肥料を積んで遠野に集まり、月に6回も市が立った[*2]という。鉄道

写真1 遠野の田園風景　資料提供：宮守川上流生産組合

や自動車に仕事を奪われながら、なおも、「馬を使ったツーリズム」（千葉幹夫・菊池新一、2000）[*3]が構想されてきた地。ここは都市の利便性を超えようとする遠野郷である。

　水上が訪れた土淵の先、恩徳（おんとく）は当時7軒の集落。周囲の様相は「山が両側から挟むようにして村を狭めているのだが、斜面の山脈は岩石と朽木ばかりで、生木はなかった。これは、まるで、骸骨をちらばしたような山であった」。水上は魔物を見たように呆然と立ち止まる。この恩徳を流れる渓谷の奥はかつて金山があり砂金が流れ来た。女性を拐かし、子を産ませては食べてしまう大男のいる場（『遠野物語』第6話）でもあったろうか。

　その恩徳に向かって、北東の宮古市から川井村を抜けて遠野市土淵町へ進む。立丸峠が立ちはだかる。今も二つの険しい山並みを超える難所である。10月末、麓の木々が色付き始める頃、最初の山並みを超える旅人を包むのは、黄金色の壁、絨毯、そして抜けるようなスカイブルーを僅かに覗かせる黄金色の空であった。

　立丸峠はかつて山奈宗眞[*4]が牧場を開いた地で、急斜面を過ぎるとゆった

第一章　遠野スタイルから未来を創る　19

写真2　倒木と岩石に囲まれた恩徳の沢（みらい創りカレッジ資料より）

りと佇む牛馬を見ることができる。しかし、黄金色に染まった空は、まさに異空間である。そして、二つ目の峠の頂上では、空から純白の真綿が舞い、秋と冬の境目が一挙に崩れていく様を見ることができる。あと数年後には、この峠をトンネルが抜け、北部沿岸地区との交流が進むことが期待されているものの、その一方で、峠で見聞きする自然美や恐怖を語りつぐ奥の深い文化は、よほどの努力を重ねないと、またもや一世代前の遺物として扱われ、「過去のもの」として置き去りにされかねない。

　現在、カッパ淵で有名な土淵町の中心部を通称"かっぱロード"が一直線に恩徳方面に延び、その峠路に続いている。そこの水田脇では、刈った雑草を燃やす煙が、景色となって中空を漂う。盆地であるがゆえに、その煙は辺り一面に白濁色を漂わせ、早朝はぼんやりと靄が覆う。その朝靄は太陽に吸い込まれるように背後の山々に流れ、漸く消えていく。土淵の中心部では、"お約束通り"に必ず味わうことのできる原風景である。また、夕暮れは早く、忽ち暗闇があたりを包み込む。目を凝らさないと周囲が見えないほどだ。かすかに光る農家の炊事場の明かりを頼りに田中の小径へ進むと、涼やかな風に蛙の鳴き声。天を仰ぐと漆黒の闇間に満点の星が瞬き、夜中まで旅人を夢の世界へと誘う。

　遠野の自然や人情は現代の都会人から見ると避暑地での自然体験や避寒地で味わうスポーツ体験とは違う。そこには、凛とした、産業・文化・暮らしの事績や現実がある。人々の仕事や生活の伝統が息づき語りかけるので物見遊山には馴染まない。故に"心で感ずるものを求めてくる人"（千葉幹夫・菊池新一、2000。同上、18ページ）が多く、だからこそ日本人の"心のふるさと遠野"なのだ。

Ⅰ 遠野物語による、まちづくり村おこし

　遠野市における、まちづくり村おこしは、佐々木喜善が語り柳田國男が出版した『遠野物語』が起点であった。遠野市への訪問者の多くが驚かされるのは、市民から小学生にいたるまでの、無数の語り部の存在である。『遠野物語』は1910年に出版され、今日まで読み継がれてきた。さらに、澁澤敬三をはじめ、多くの研究者によって深められつつ、1970年代にスタートした市民手づくりによる文化活動としての「遠野物語ファンタジー」や「遠野常民大学」、そして「遠野物語ゼミナール」、さらにこれにつづく「遠野物語研究所」などの活動が、『遠野物語』の発信と遠野イメージ、さらには、遠野スタイルの定着に大きく貢献してきた。

　先人が残し語り継がれた歴史や物語は、地域の貴重な財産である。それは、地域社会の伝統や習慣となって、夢のような富や収穫と、死に直面するような苦しみとの狭間で、遠野人が身に着けた"遠野固有の技と文化"を生み出してきた。「目に観えない文化資本」である。そして、技と文化は悠久の歴史を語る文化財を生み出してきた。さらには、曲り家など遠野固有の建築物や棚田、山と里が生み出す景観など「目に観える文化資本」を形成する。

　このような文化資本を今に生かす"営み"がある。大震災復興を支援する「遠野まごころネット」は、被災地に流れ着いた稲穂を、遠野の地という豊かな大地、"目に観える文化資本"に移植する。そして、遠野人の"目に観えない文化資本"である「熟達の技と文化」で育て上げた。その成果を各地と分かち合い、機内食として旅人に供給している。復興米は米として栄養やエネルギーを生み出しただけでなく、人々のつながりとひろがりを創り出す。このような"つながりとひろがり"こそ現代の人生にとっての希望を拓く。まさに日本人の象徴であり、この現代遠野物語は現代人の共通の資産となった。

　遠野の地は、厳しい人口減少と孤立しがちな状況に対して、真心を暮らしの中に活かす人々が、まちづくり村おこしに古さと新しさをむすびつけ、人と人、縁と絆をそれに照らし合わせ、仕事を起こし、地域を創り、人を育て、文化を高める「場の底力」を生み出してきた。これらの営みが遠野市と富士ゼロック

ス㈱のコラボレーションによって対話と、知恵を集める場、あるいは、機会が生み出された。ここから、相互理解、学びあい、育ちあいの関係が生まれようとしている。

　元来、遠野には多様な人間ネットワークがある。

　遠野山・里・暮らしネットワーク、まごころネット、パハヤチニカ（文化雑誌）、遠野エコネット、遠野早池峰ふるさと学校、あやおり夢を咲かせる女性の会、里山クラブやかまし村、宮守川上流環境部会、遠野ライディング・クラブ……、これらの人間ネットワークの名称が持つ響きは独特で心に伝わる。遠野以外の地で、このような響きに出会うことはない。

　この響きは、柳田の「願わくはこれを語りて平地人を戦慄せしめよ（『遠野物語』序文）」の一節にも通じている。山脈（やまなみ）を見ながら暮らす農耕の民、平地の人々が、その山の向こうからくる山法師、鉱山や森林の仕事を担う山の民と出会い、交流の歓びと恐怖、期待と慄きを通じてすすめてきた記憶であろうか。

　それは、山と里の暮らしにおける喜怒哀楽を経た"学びあい・育ちあい"の歴史と伝統であり、貴重な富と豊かな収穫を持ちながら大災害や生存競争に直面してきた人々の智慧であり、生業であり、産業と生活である。大きな歓びの体験であり、同時に、深い悲しみに沈む時間でもある。しかし、悲しみを恐れず、耐えて、敢然と、開拓に取り組み、新たな資源を発見して暮らしに生かす力量、それを次世代に伝えてきた伝統を創造した。

　それらを担う遠野市民は、この地に固有の伝統文化と技を現代に生かす力量を持つ。

　このような力量の源泉には、自然を敬い畏れ、厳しさと対峙しながら、同時に、人間同士、互いに、学び合い、智慧、職人技、構想力、探検心を育んできた歴史と風土がある。

　これこそ、伝統を継承しながら伝統にとらわれず、創造や創意工夫に通じる道である。それ故に、『遠野物語』による、まちづくり村おこしは、固定化を招かずに、現代における多様な可能性から新たなものを生み出してきた。

　例えば、1966年に第3代遠野市長になった工藤千蔵氏のもとで策定された総合計画「トオノピア」プラン（トオノとユートピアをもじった造語。昭和43年策

定遠野市総合計画基本構想で使用された）。

　この構想は、昭和40年代高度経済成長による産業・交通の発達を背景に生じた一大変化への応答である。就労人口流出、核家族化の進行、そして農村社会の大きな変化。産業と生活における蓄積された技や文化を継承する次世代の不足や欠如。少子高齢化による地域活力の低下の危機。ここからの脱却を図る構想であった[*5]。

　2002年に市長となった本田敏秋氏（現遠野市長）は、この精神を受け継ぎつつ、激変する社会生活環境に適合する新たな地域再生策を展開してきた。

　具体的には、

1）農村と都市の良さを生かす健康文化都市構想
2）自然や文化財を生かした博物公園都市構想
3）豊かな自然資源と金属加工技術の伝統を生かした生産加工都市構想

　という三つを目標に掲げ、これらを推進する市民の自治力を結集するために、一般行政・教育行政を一体的に推進する市民センター構想、分権型の各地、自治拠点形成を進めた。教育と行政が一体化する地域は、子どもたちの教育と産業や福祉の行政が各地で交流し刺激しあうので、受験体制一本の教育ではなく、農家や工芸の仕事を身につけながらの人間発達が可能である。

　ここから、各地の市民自治に対する関心の高い次世代が育つ。

　そして、各拠点が自治力を生かして、生活圏域における地域づくり、地域保健・医療、社会教育の一体的推進を進めてきた（カントリーパーク構想）。これは、独立した自営農の逞しいエネルギーを背景とした創意工夫、山仕事、馬搬、など、山・里・暮らしにおける逞しい生活力。女性を基軸とした絹・綿・羊毛などの繊維を紡ぐ手仕事の文化。棚田と雑木林など美しい農村景観の保全と美味しい大気、健康で生きがいの持てる自然環境。土や金属加工における工芸の伝統など、この地に固有の、かけがえのないものを生かし、農村の伝統文化を生かした都市構想であった（遠野市資料、第5回遠野市進化まちづくり検証委員会平成26年5月）。

　そして、遠野における「市民の開かれた感覚」を各地において継承し、Iター

ンやUターンなどを受け入れる人情の厚い「他人を受け入れる力」を生み出した。

このような素地が、復興支援活動の持続性や遠野ツーリズムなど、他の地域にはない、遠野の支援力、受容力を生み出したのである。

いわば、多様な市民自治力を結集する統合組織戦略が構想されてきたと言えよう[*6]。

これらの構想実現のためには、住民自治を担う拠点的施設の整備が必要であり、同時に、市民生活や産業の共通基盤—商業施設、公益事業、放送事業、など—を整備しつつ、それを経営する第三セクターの設置が必要とされる。

一般的に、現行制度の枠組みの中では、公共事業は施設中心に展開されざるを得ない。施設であれば国の補助もつく場合が多く、地方債を発行して対応する余地も大きい。しかし、地方の経済は、大都市に人口を奪われるので、地域の産業が担い手を失い、人から人へと継承される地域固有の仕事や熟練、文化や技能は後継者を失う。

遠野は、遠野物語を小学生までもが語り部となれる文化的力量があり、蓄積された多様な職人能力や、他者を受容する力量は抜群であるにもかかわらず、後継者不足は深刻である。

人口減少は、市場の縮小を招き、地元の商店街が壊滅し、国道沿いの量販店が通過人口から利益を上げる。

地元には、大きなハコモノと高齢者が取り残される。前者は破産を招き、後者は立ち枯れを招く恐れがある。

そうなれば、歳出の規模は大きいが、地域の人口と年間における「世帯数や所得の減少」で、歳入の伸びは期待できない。ふるさと納税制度も財政赤字を緩和するが克服することはできない。これが、市町村の財政を慢性的に逼迫することになる。財政は硬直化して、市民の切実なニーズがあっても応答ができなくなりがちである。各地には、このような前例が多い。

そして、その結果、公共サービスや成果の及ぶ範囲が限定され、あるいは、画一化される傾向もまた、枚挙の暇がないのである。そして、結果として、人口流失対策、交流人口拡大策など、喫緊の課題に対しても、社会生活環境の変化や、一人ひとりの切実なニーズを把握したうえでのきめの細かい応答につ

いても柔軟に対応することが難しくなってしまう。例外なく、遠野市もこうした課題に直面せざるを得ない。

II 新たな公共経済・共通資産・遠野ツーリズムの登場

　一方、2001年に策定した遠野市観光推進基本計画において、グリーン・ツーリズム（農山漁村地域において自然、文化、人々との交流を楽しむ滞在型の余暇活動のこと。農林水産省の定義による）と言われる新たな体験型観光スタイルを参考にして、「遠野ツーリズム」という独自のスタイルを政策に取り入れた。これは、遠野を取り巻く自然と歴史、『遠野物語』で表現される過酷な環境、そこで暮らす人々が育んできた文化資本、さらに遠野人の「ぬくもり」「もてなし」の心、それらのありのままの姿を体感・体験してもらおうというものであり、現在でも遠野の地域再生策の重要なテーマとなっている。

　この「遠野ツーリズム」の展開は、「遠野物語ファンタジー」のような市民主体による活動と並行して、行政とNPOの連携により推進されている。また、全国レベルでのグリーン・ツーリズムの浸透も追い風となり、それらとは、一味違う、「心で感じるツーリズム」「都市と農村の文化交流による学びあい育ちあい」「研修、教育、研究交流のできるツーリズム」をめざし、潜在的な受け入れ容量が大きく、需給に応答して伸縮自在に対応できる「民泊」として、多くの市民がこのシステムに参加することとなった。

　これは、ニーズ応答型の柔軟な構造を持つ「学習型ツーリズム」を生み出してきた。さらに、このツーリズムは「馬」という地元固有の資源を活用して、全国に例のない、ホースセラピー、農耕馬の可能性、運搬・交通手段の可能性、などを展望しはじめた。

　また、遠野における山・里・暮らしネットワークなどの活動は仙台や東京にも進出して、遠野への移住を希望する人びとにとっての窓口を開き始める。この地道な努力は、遠野に魅力を感じて定住を始めた新規参入者（Iターン）を増加させ、彼らが「遠野ツーリズムから定住へのモデル」となったことも見逃

すことはできない。そこでは、Iターン者が都市の「負の経験」をもつ人々として農村生活の良さを理解する。さらには、都市の生活や仕事で手にした技術や考え方を地域に持ち込み、「遠野ツーリズム」のコーディネーターとなりネットワーキングに新たな風を吹き込みながら「都市と農村の媒介者」となり、文化交流を通じて大きな経済効果（宿泊・食事、交通・移動、買い物、観光サービス、研修機会、情報サービス、広報印刷、書籍販売、絵葉書販売など）を生み出すことがより鮮明になった。

しかし、「遠野ツーリズム」が一定の成果を得たものの、拍車がかかった人口流出の歯止めにはならなかった。また、そこで、新たな、まちづくり村おこしの指針を示し、少子高齢化の中でも"進化し続ける"ことが自然に求められるようになる。

それが、遠野スタイル[*7]である。「開拓者精神をもって自然と文化を継承し発展させる生活様式」の充実であった。

ここでは、伝統を今に生かす生活様式が地域ブランドとなり、地域シンボルのメディアとなって独自の市民活動につなげていった。遠野は、従来、肉牛やコメ、リンゴなど、優れた特産品や商品をブランド化してきたが、商品だけでなく、生活様式を"ブランディング"したのである。これは、特筆すべき地域再生・発展戦略であり、この約10年間、まちづくり村おこしの指針となってきた。

また、現代の観光経済学では、観光サービスの供給は、地域の自然資本や文化資本を保全しつつ活用して、営利事業を超えた公共の資産を生み出すとされている。これは、一種の公共経済の誕生であって、遠野ツーリズムは観光事業であるだけではなく「都市の市民と農村市民との交流・対話・学び合い・育ちあいの"公共広場"」を提供してきたことに起因すると言えよう。

このような公共の広場を共通の土台、プラットフォームとして、仕事を起こし、地域を創り、人を育て、文化を高める"営み"が発展してこそ、人口減少に歯止めをかけることができる。

Ⅲ 遠野スタイルによるまち創り

　元総務大臣で岩手県知事でもあった増田寛也氏は、「東京一極集中が極点社会化をまねき、2040年には、およそ900の自治体が消滅の危機を迎える」と警鐘を鳴らしている[*8]。

　遠野市の人口は、2014年5月時点で2万9,242人（1万886世帯）、20年後には2万人を割り込むと考えられている。遠野市もその例外ではないかのような印象を受ける。

　しかし、昨今の遠野市のまちづくり村おこしは、"進化し続ける"というアグレッシブな志向が示されており、まちづくりの方針として厳しい財政制約のもとで、①「少ない予算には知恵と工夫で」、②「人不足には新たな公と市民協働で」、③「社会資本整備の遅れには豊かな自然と環境先進地政策で」、④「人口減少には交流人口の拡大で」などが推進されてきた。遠野市においては、こういった内容がそれぞれの専門或いは所属部門の目線で、実践的に記述されている。この四つの工夫は、現在の方針にも継承されてきた。

　遠野スタイルが提起されて10年余りとなる。その考え方を継承しつつ市政方針として2014年度版「遠野スタイルによるまちづくり」が打ち出された。それによれば、遠野スタイルの定義とは「①地域の特性や資源を活かすこと、②市民が主体性を持つこと、③自分たちのまちをより良くしようと行動することを基調に展開するまちづくりである」とする。同時に、「持続可能な新たなまちづくりの仕組みを創造しようとする市民と行政の協働活動」とも表現され、遠野市内の中学校の社会科副読本にも明示化されてきた。

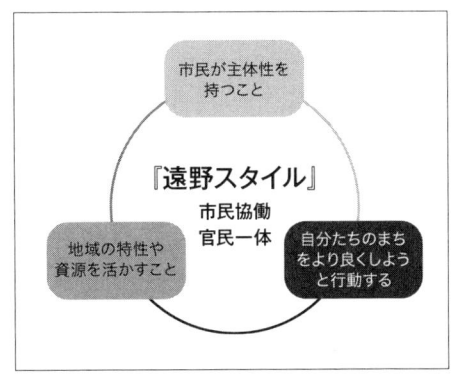

図表1
遠野スタイルのモデル図
（市政方針参照）

そして、遠野スタイルによるまちづくりの基本理念はこの三つの"こと"、即ち遠野スタイルの定義にある三要素を具体的に実行したうえで、「永遠の日本のふるさと遠野を市民協働で成立させる」と述べている。

　そして、それを進めるための五つの大綱、①自然を愛し共生するまちづくり、②健やかに人が輝くまちづくり、③活力を創意で築くまちづくり、④ふるさとの文化を育むまちづくり、⑤みんなで考え支え合うまちづくり、が日常生活における心構えとして示された。

❖ 文化交流のなかから産業が発展する時代

　遠野では、人々の生活や暮らしの中から産業が生まれて発展してきた。遠野ツーリズム、馬を使ったグリーン・ツーリズムなどは、遠野スタイルから非営利事業として生活に根差した学習産業・研修産業として誕生し、文化情報の交流や創造、健康産業（森林・馬の活用によるセラピーや健康回復事業など）の発展につながってゆく。ここでは、都市と農村の文化交流の中から通例は観光産業と呼ばれる新産業が誕生したのである。

　遠野ツーリズムは山・里・暮らしという生活の場から、通称で言えば、観光産業を生み出してきた。同時に、この産業は、単なる物見遊山に人を招く産業ではない。

　それは、「学習と健康」の場を拓き「学習においては、情報技術・コミュニケーション技術を生かし、健康においては、医療・ケア技術を生かす最先端産業」でもあった。

　すなわち、「現地が発信する多様な情報を手掛かりにして、現地の緑と触れ合う中で、都会人が、すさんだ心を癒し（千葉幹夫・菊池新一、2000。19ページ）、農山村の生態系を保全しながら農産物など地域ブランド商品の市場を開発し、馬文化などの新サービスを提供するおもてなし産業を起こしてゆく」のである。

　従来の社会科学では、情報・コミュニケーション技術と医療・ケア・健康技術が現代の最先端産業の推進力であるわけは、次のように理解されてきた。

　1980年代以降の産業は第三次産業革命期にあると言われる。産業の発展

は、まず、農業革命から始まり、工業の産業革命（19世紀）が人間の筋力に代わる機械を生み出し、大規模な製造業が時代をリードした。

第三次産業革命（21世紀）は、コンピュータと電気通信ネットワークを結合した情報・コミュニケーション技術が発展し、さらには、DNAの解読と医療技術・バイオ技術を発展させている。ここでは、人間が主体となって、人生における幸福を実現するために、情報・コミュニケーション技術と医療技術・バイオ技術を活用しつつ、"生活の質を高める「ものづくり」と「健康づくり」"を実践する。

トフラーは名著『第三の波』において、第三次産業革命のシンボルとして情報技術を取り上げ、これからの経済社会は大規模な機械技術を集積した石油コンビナートのような工業地帯が衰退し、小規模で分散的な技術を熟練した人間、すなわち、職人型の人間が生かしてゆく「分散型農業社会」が発展すると指摘した。また、情報技術の発展によって、生産者、媒介者（経営者・商人など）、顧客の関係が次第に目にみえるようになり、顧客の要望やニーズに応答できる「注文生産に近い」市場経済が発展するとも指摘している。

また、情報技術は、個別の顧客ニーズに対応して高速度に製品を仕上げる多品種少量型技術が発展する。それに伴って、従来は量産になじまず非効率で競争に弱いとされてきた、中小零細企業の職人による手仕事の精密な仕上げが注目され始める。競争力の中に手仕事による精密な仕上げによる多品種少量生産システムの量産型に対する優位が示されてきた（十名直喜『地域創生の産業システム──もの・ひと・まちづくりの技と文化』水曜社、2015年）。このような競争力が評価されてくると、従来は、手仕事中心で量産型企業に圧倒されてきた地場産業も、かけがえのない質の高さが注目され始める。

さらには、農産物、林産物、海産物などの植物性生産物が、個別の顧客ニーズに応答しながら、生活の質の向上に貢献しうる産業群として注目を集め始める。

顧客の個性的なニーズに応答しうる産業が、国際競争のなかで、生き残り、発展する傾向が見え始めたのである。

遠野ツーリズムは、識者によれば「遠野は気がつけば一周遅れて最先端になっている」（千葉幹夫・菊池新一、2000。19ページ）と指摘されているように、

日本の原風景である「山・里・暮らし」を保全して次世代に伝えるという公共活動を持続してきた。そして、これを通じて、自然環境や伝統産業（農林業や馬文化産業など）を発展させ、最先端の情報・コミュニケーション技術を活用しつつ「人が人との文化交流の場をつくり、コミュニケーションの力量と健康をとりもどす」ツーリズムを発展させてきた。

　この活動は、都会人の健康を回復し、生活の質を向上させ、農業など、遠野固有の産業を支えて、遠野人の健康長寿を持続させる条件を生み出す。遠野ツーリズムを核とした遠野産業の発展と、産業を担う遠野人の「遠野スタイル」こそ、今後、遠野の潜在的な資源を開発して、地域創生の産業システムを創りだすとともに、それを担う人をつくり、人がまちづくり村おこしを担う。このような産業システムの全体像を解明することは、今後の最重要課題となった。

❖ 地域の特性や資源を活かすこととは？

　ここでは、遠野における潜在的な資源について考えることによって今後の展望を拓きたい。「遠野スタイル」をもつ遠野人の姿は、「遠野の伝統を今に生かす人々」として第一に、市民・行政が協働的に行う持続可能な新たなまちづくりをするために、「地域の特性や資源を活かす活動」として表わされている。

　遠野には恵まれた芳醇で過酷な自然環境がある。また、遠野物語に代表される郷土愛、郷土文化研究の歴史、工芸や民謡・民話、農山村、商業、金属加工業などの産業技術・技能、技や文化の蓄積が存在する。これらは、世代を超えて人から人へと継承され共有されて創造的に発展してきた「伝統と習慣」であり、新たな文化や文化財を生み出す「元手＝資本」である。「目にみえない文化資本」と言ってもよい。ある意味では、遠野ならではの特性である。

　この「元手」から多様な成果が「目にみえる文化資本」として生み出されてきた。まずは遠野の宝と言っても過言ではない多くの文化的な遺産・曲り家・古民家、そして、民具、工具、豊かな農地・多様な地域ブランドとしての農産物、地場産業の生産物がそれであろう。これらは他の地域にはない"圧倒的な資源"である。さらに、遠野人は、生業の中から他の地域の技術や文化を

取り入れ、独自の事業様式を生み出してきた。その多くは、地域の自治力や、文化力に支えられ、探求者の精神と相互の信頼関係によって市場経済や多様な公共事業（震災復興事業を含む）に支えられてきた。

　文化資本が生み出す事業や産業は遠野人の所得を生み、所得が会費となって、NPOや非営利組織の財政を支え、税や社会保険を通じて自治体や政府の財源となる。また、預金が地域金融機関の資金源泉となる。遠野市民の安全・安心をも実現させる予算（財政）の規模は、平成23年度の歳出額は、およそ214億円であり、実質収支はおよそ6億円である。

　「目にみえない文化資本」が「目にみえる文化資本」を生み出す過程は、関係する人びとが、「伝統を今に生かすために創意工夫する過程」であり、同時に、人々が文化交流の中で、互いに学びあい、育ちあう過程である。例えば、遠野農業の担い手が、熟練の技や文化をIターンの若者に伝達する過程は、農地という文化資本を保全・継承・改良しつつ、創造的な成果としての遠野ブランド農産物を生み出す過程である。

　この過程においては、現場での対話とともに、情報・コミュニケーション技術の支援によって各地の農業開発における個々人の個性的な情報発信に交流の場を提供しつつ、「遠野農業人の智慧の森」を知識基盤として構築する。このような知識基盤が、現場の対話・学習と相まって各人の構想力、判断力などを高めてゆく。

　このような知識基盤は、遠野発の多様な学術情報や芸術文化情報の基礎であり、この基礎上での、交流や連携により選択され移入され活用される情報がある。これらもまた、重要な資源である。交流人口の増大によって取り入れることができるようになった専門的で多様な情報は、遠野の人々にとって有用かつ有益である。この地で発展・発達した情報は、世界中の地域社会へ影響力を持って発信され、増幅されて帰納することとなるからである。

　これらは、遠野知識基盤形成と情報サービス産業として「目にみえない文化資本」を可視化する、独自の文化資本を形成する。遠野における多様な文化資本の蓄積の中から、「遠野文化のシンボル」ともいうべき「遠野共通のメディア」が誕生する。これは、象徴型文化資本と呼ばれる。

　象徴型文化資本の中でも、大きな存在感を示すのは、郷土愛を保持し、次

世代に伝えていこうとする人々、或いは、先人の知識や実践力、それらの記録や著作物などである。例えば、土淵地区であれば、佐々木喜善の実践と記録、収集した民具、作品などである。

　地域の特性や資源、伝統を今に活かすこととは、以上、検討してきたように、「目にみえない文化資本」を各人が持っているとの自覚に立って、文化財や「もの」と接する中で、「目にみえる文化資本」を位置付け、人と「もの」の組み合わせの中で、地域共通の「伝統を今に生かす知識基盤」を構築し、これを産業化することによって、象徴型文化資本の情報サービス事業化を図ることである。

　ここから、遠野固有の研究成果や成果の出版・映画化・演劇化などの展開を通じて、著作権料収入などの経済的基礎を構築して、地域における文化資本の総合的発展のために、基金などを構築してゆく。

　「遠野スタイルの産業化」は、まだ、緒に就いたばかりであるが、遠野・京都文化資本研究会による本書の出版が、その第一歩である。

❖ 市民が主体性を持つこととは？

　第二に、市民・行政が協働的に行う持続可能な新たなまちづくりをするために、市民が主体性を持つあるいは持てる活動とはなにか。

　市民の主体性といえば、市民が直面している困難な状況下において、「未だ解決策が明らかではなくとも、市民自らが考え、判断し、行動する。併せてそれらの行為ができるような環境を行政が整備すること」と考えられる。また、ここでは、対話の機会、対話を促進しうるコミュニケーション技術が登場せざるを得ない。コンピュータの登場は、人間のコミュニケーション過程の解明、とりわけ、対話という行為や手がき・メモなどの仕事と、仕事の情報を脳に伝達する神経組織、脳の記憶と、新たな情報と記憶の照合という過程を明らかにした。人間は、誰もが、自分の経験を基礎にして、生きるために必要な記憶を脳に蓄積している。対話によって、新たな情報が神経組織を通じて脳に伝えられると、新たな情報は記憶と照合される。そして、新たな判断や、新たな思考へのきっかけが生まれることが多い。

まちづくり村おこしなどの構想や提案、新たな公共的な意思の決定は、直接民主主義と呼ばれる市民参加の場と対話、討論の場において行われる。まちやむらには、先人の記憶が蓄積されていて、多くの市民に共有されている。かつて山奈宗眞は、度重なる凶作や財政難の克服のために、行政の施策を待つのではなく、主体的に産業振興を目的とした農業試験場を設立し、新種の試作を繰り返した。そこに行政（県）は人という資本を見出し、牛15頭を貸与したのである。このような情報を市民が共有しているとすれば、市民が主体的に、何を実行するべきかが参考事例として提起されていて、これを手掛かりとした"まち・むらの進化"のための、構想が対話の中から提起され議論されるのは、自然の成り行きである。これは市民協働というプラットフォームの一構成要素でもある。人の主体性は、時代の進化には欠かせないエレメントであり、市民の主体性に活動の場を提供すること。これが課題であった。

　2012年秋から富士ゼロックス㈱の復興推進部員やコミュニケーション研究所の研究グループは"みらい創りキャンプ"をシンボルとして、遠野市民、自治体職員、企業の従業員、大学生など、多様な人々と、遠野の古民家など（非日常的な空間ともいえる）で、みんなの未来について対話を繰り返してきた（この対話の手法＝ワールドカフェについての詳細は第二部参照）。これは「公共の広場づくり」であり、遠野の人々、内外から参加した人々が、一人ひとりの知識をみんなの知識へと集合化させる場であった。

　ここで互いの意見を述べ合う中から、智慧を出しあい「我々に何ができるのか」という主体性が生み出された。智慧の森が生み出されたのである。

　この対話会は対話の中で学習を進めつつ、公共的な意思を決定してゆくというコミュニケーションの手続きと技術に基づいて設計された。互いに聞き上手となり、互いに、相手の提案を尊重しあう姿勢を持つこと。これは、ある種の市民倫理である。

　市民倫理を持つ人々の対話。これが実現した。

　その結果"触れ合うように学ぶ場"が必要であるとの合意が形成された。多様な市民の知識が、主体的な考え、判断を生み出したのである。そして、官民一体となった"みらい創りカレッジ"開設に向けた市民行動が生じ、その結果「閉校の活用」という、2012年当初には何をやるかは決まっていなかった

課題の、具体的な解決策に結びついた。

　遠野市も富士ゼロックス㈱に対して、市民の主体性が学びあい育ちあう場を提供してきた。そこからは、課題解決へと協働的に動き出す科学的な構想（設計）が生まれた。「集合の知を生み出す場づくり」ともいえる、この科学的な構想は、世界的な規模での多くの地域や企業で実験された、現代の組織学習或いは事業創造に用いられてきたものであった。

　それは、地球市民の智慧ともいうべきものであったのである。これは、日本においても、各地におけるアイヌや縄文人が生み出し（北尾克三郎『まちづくり手帳——明日の生活技術と都市デザイン』マルモ出版、2005年）、一部は、現代にも継承されてきた、"村落自治"の伝統を再生したとして高く評価することもできよう。日本の村落共同体は急峻な地形や、水源から流れ出る豊富な水を関係者全員の合意によって管理し活用する伝統や習慣を生み出した。多くの水源は神が宿るものと信じられ、天の恵みである水は、生命と生活の源泉として、公正かつ平等に利用され配分されるべきものであった。水だけでなく、乏しい食物も構成員には平等に分配された。これらは、サルなどの人類以外の動物が生存競争による強者優先・弱者破滅の世界であるのに対し、公正で互いに譲り合い、結いや絆による"つながり"があり、困ったときにはお互いさまで支援しあう関係を生み出した（山極寿一『「サル化」する人間社会』集英社、2014年）。

　しかし、日本では明治以来の近代化過程において、自治や協働によるつながりよりも「金銭を獲得するための生存競争」が支配し始めた。第二次世界大戦後、新憲法のもとでの地方自治権や、自由権、生存権などの法制度は整備されたが、グローバリゼーションのなかで進行する産業再編成、企業の倒産や集中合併、人件費削減のための機械導入や不安定雇用の拡大などを通じて、再び、生存競争が復活し法制度を空洞化し始めたのである。

　遠野においても、以前に比べれば、人と人とのつながりが希薄となりがちで、基礎的な自治単位の間の総合的な調整が必要とされていたのかもしれない。

　まちづくり村おこしにおいて、官民を越えて"産学官"が一体となって協働するプラットフォームを構築すること。このことの重要性が、あらためて浮き彫りにされてきた。

❖ 自分たちのまちをより良くしようとする活動とは

　第三に、市民・行政が協働的に行う持続可能な新たなまちづくりをするために、自分たちのまちをより良くする行動。この行動には「自分たちのまち」や「自分たちのまちを育てる」という考え方がポイントとなった。

　遠野で、35年以上続いてきた市民センターの基本理念は「自分たちのまち」に沿い、「自分たちのまちを育てる」ものであったこと、その伝統が今に生きていることは、遠野における文化交流のなかで誰もが感じることである。

　各地区では、独自に安心安全な暮らしに役立つ取り組みを検討し、それを実現させてきたからである。「おらが（私の）まち」「おらが（私の）地域」という考え方が、「自分たちの」或いは「我々の」という考え方につながり、行動へと結びついているとすれば、その実像が見えてくるはずである。

　例えば、"遠野みらい創りカレッジ"は、もとは土淵町土淵（かつて佐々木喜善が村長を勤めた地）に建てられ、閉校になった旧遠野市立土淵中学校である。この土淵町は10行政区（16自治会）からなり、遠野町の15行政区に次いで多い。平成25年で、792世帯、2,287名（内高齢者831人：36.3％）が暮らし、10人の区長さんを筆頭にそれぞれさまざまな役を持った方たちで区及び町の運営がされている。ちなみにカレッジは中心部の8区に位置している。

　この地域の市会議員は2名である。この市会議員で運営される市民会議（議会）を全体とするならば、遠野でいう「まち」とは行政区としての「町」であり、現在、それぞれを「地区」と呼び、九つの「地区」ごとに「地区センター」がおかれ、そこで自治会や、協議会が開催されたり、自主的にお祭りが開催されたりしている。遠野市がこれまで推進してきた「市民センター構想」が定着しているのである。

　土淵地区では、平成27（2015）年の新年会は「第31回集約会」として、2月に土淵町地区センターで開催された。開催主体は「土淵町地域づくり連絡協議会」で、趣旨は明るく住み良いまちづくりをめざすものであり、町民が一堂に集い、功労者等の顕彰と、顕著な成果の発表を目的としたものであった。まず、自治功労者、衛生功労者、郷土芸能功労者が表彰され、続いて小中学生にスポーツ栄光賞が授与された。また、小学生の読書標語コンクールの

優秀者も讃えられた。そして、日頃この地区で取り組まれている活動事例発表では、中国の伝統的な擦弦楽器の一種である「二胡」の演奏も披露された。そして、4区にあたる山口集落の代表により、国選定重要文化的景観に基づいた地域づくりのプロセスが報告された。最後に、"みらい創りカレッジ"の10ヵ月も報告されたが、この地区の文化水準と、自主性の高さは特筆される。

このように、地域が自主的にまちづくりに取り組むさまは、「自分たちのまち」は自分たちで守り育てる、という市民センター構想（理念）がしっかりと根付いているからに他ならない。土淵地区のみで確認できたことではあるが、この要素は遠野全体に浸透していて行動にも結びついてきた。

❖ 遠野における市民協働・官民一体の意味することとは

ここまで、遠野の生活・遠野スタイルから遠野の人と産業が生まれ、産業が情報・コミュニケーションや、健康領域にまで発展し、都市と農村の文化交流の中で、貴重な知識基盤や学術・芸術の根が育ちつつあることを示してきた。

そして、遠野のまちづくり村おこしは、景観・文化財を保全し、質の高い産業を生み出す中で、市民が、互いのもつ「目に観えない文化資本」から学び合い育ちあう中で、発展してきたのである。

いま、厳しい人口減少の中で、市民が孤立せずに、共通の広場を持って、まちづくり村おこしを実行するには、文化資本を尊重しあう主体性の高い市民が、学習のためのコミュニケーション技術を生かして"市民協働・官民一体"のプラットフォームを構築する必要がある。

これを基礎に、いま、一度、遠野市の平成26年度「遠野スタイルによるまちづくり」において、最重点とされている「遠野市六次産業推進に係る方針」を今後のまちづくりのなかで位置づけてみよう。

遠野市における六次産業の定義は、「農林水産物等の生産及び加工、そして販売までを一体的に行う事業形態で、農林水産物等の価値を高め、その新たな価値を生み出すもの」とされている。

そして、「地域資源を活かして」「総合的に」取り組むことを、基本的な考え

方として示し、その進め方は、①潜在需要の発掘、②付加価値連鎖の構築、③地元生産力の向上とある。戦略と組織案が示されている。

　これらの方向性を、遠野ツーリズムのような新産業の位置づけや、第三次産業革命の課題であった、情報・コミュニケーション産業や、健康産業などにも目配りするなかで、遠野のプラットフォームが人材交流、情報交流の場を産み出しつつ、実行してゆく。

　地域の潜在資源から見ると、これまで「土地（耕作地、開拓地、山林、水源）」と「労働力（農林水産事業者）」に重点があったが、併せて、人（熟練、技術、技能、創造性、構想力、判断力などを含む）と情報・コミュニケーションを加えることとなる。

　遠野の産業構造は、この新たな視点から見ると、三層の構造をしている。

　第一は、遠野ツーリズムに代表される、観光・研修・学習産業

　第二は、都市と農村の文化交流を媒介する知識基盤と学術・芸術・情報サービス産業

　第三は、山・里・暮らしの遠野スタイル＝生活が生み出す産業（農・山・工・商・サービスなど）

であった。

　これらの三層の産業群を支えるのが産官学、市民協働といったプラットフォームである。このプラットフォームを担うのは、智慧の森ともいうべき、

　A）文化資本を持つ職人型市民（供給者）

　B）顧客・消費者・旅行者・訪問学習者など（需要者）

　C）AとBを媒介する経営者・商人・プロデューサー・デザイナーなどの人々（媒介者）である。

　これら、三者がコラボレーションによって、産業が提起する多様な課題に対して、研究し、教育し、対話の場をつくり、遠野文化資本の次世代継承システムを構築してこそ、遠野の永続的な発展が展望できる。これによって、「自分のまちをより良くする文化」を最大限に活かすことを考えることができよう。

Ⅳ 今後の課題と展望

　当面の方向性としては、土淵地区における"触れあうように学ぶ場＝遠野みらい創りカレッジ"が市民協働・産官学連携のプラットフォームとして位置付けられる。
　現在、業種を超え、研究テーマを超えて、さらには既存事業や形態を超えてカレッジに集い、遠野のみらいを語り、その課題を解決しようとする動きが既に始まっている。
　ここには、各地における産業史の資料や、各地まちづくり村おこしの事例、など、歴史や地理におよぶ、遠野のための総合的な知識基盤が整備される。
　遠野ならではの産業発展や再生の方向性を現場と資料を基に、地道に研究しつつ、その成果を、地元職人層、研究者層、媒介者層がチームを組んで、次世代や訪問者に伝え、あるいは、実験的に産業現場を生み出して実習を兼ねた模範的な産業実験を行う努力。
　これらの努力の基礎上で、地元の強い要望である、高等教育機関の設立や、現場を踏まえた世界レベルの学術研究が進展する時代。
　これらを、みらい創りカレッジはひらこうとしている。
　また、このようなプラットフォームをすべての地区で機能させることも視野に、重点地区を設けて、カレッジ機能を徐々に拡大させていくのも効果的な方法であろう。
　例えば平成25年（2013年）12月に遠野市と東北銀行との間で結ばれた「農林水産業の活性化に関する協定」を基に、資源の扱いを再考したうえで民に蓄積されたノウハウと資金を六次産業化の推進に役立たせることなどは、金融面からの接近として注目される。遠野独自の地域ファンド構築や、その活用の方向性についても新たな課題として検討する必要を示唆している。
　また、方針には、今後の産業発展について、潜在需要（顧客と市場、マーケティング）と、付加価値連鎖（サービス化）についても、貴重な示唆がある。
　食肉加工（エスフーズ）と販売チャネル（イトーヨーカドー）と連携した、遠野牛の生産・販売の連携・協力に関する協定も締結されている。二次産業と三

次産業の専門家が、市場に近いところで得られる顧客の嗜好や小売価格などの情報をフィードバックすることで、生産者に対して有益な市場の要求をダイレクトに届けることができる。これを、二次産業と三次産業の協定で終わらせることなく、「総合的な」取り組みへと発展させることも可能である。これらに、県内の大学との戦略的な連携による学術的な視座が加われば、産業分類の枠を超えたネットワークが構築され、資源がさらに有効に活用されることになる。

　同時に、こうした協定や新たな予算措置以外に、従来のやり方や規制にとらわれないシステムについて考えを進める必要がある。昨今、非営利民間主導の投資・人材育成・産業実験・融資と人材開発を一体とした産業の持続的発展なども視野に入れる必要があるとの研究が進められている。

　その一つが、法政大学の保井美樹教授らによる、Business Improvement District（主にビジネス地域において、資産所有者或いは事業者が、地域の発展をめざして必要な事業を行うための組織化と財源調達の仕組み）の推進である。それは、地方にも反映することができる「エリアマネジメント」と言われる方法論で、その一例は、地方自治体との協定により、一定の公益的な業務を非営利主体、民間のアウトソーサー、または自治体自身が行い、その費用を当該自治体が税に付加して徴収する制度などである（GB式）。

　日本でも地域住民、地権者による自主的なまちづくりの取り組みにより、地区、地域を再生、活性化する取り組みが各地で試行されているが、政府も、地域創生を支援する新しい法人制度を創る検討にはいっている。それは、資金集めや事業運営をし易くする"ローカルマネジメント法人制度"と言われるもので、税制優遇制度を受けて公益事業を行う非営利法人の利点を取り入れながら、配当を認めるなどの収益事業の自由度を高めることを狙いとした制度である。

　こういった柔軟かつ自主的なまちづくりの取り組みが活発化している背景には、人口減少、少子高齢社会における開発を中心としたまちづくりから、管理運営を中心としたまちづくりに移行しつつあることが挙げられる。遠野スタイルや、そこから派生する"みらい創り活動"にも、こうした「エリアマネジメント」や新しい法制度の考え方を取り入れ、地域にかかわる地権者、商業者、住民、

開発事業者などがつくる社会的組織基盤によってコミュニティの価値を高め、維持する仕組みが求められている。2015年度、遠野みらい創りカレッジにおいて、地方都市が活性化する、遠野型エリアマネジメントの研究をスタートさせる方針である。

注及び参考文献:

* 1 水上勉「岩手の遠野——北上山脈にぽっかり置残された桃源郷の民話を今に見る——」『旅』、遠野市図書館資料室蔵、昭和39年9月。
* 2 遠野市の市街地ではかつて牛馬の取引が盛んで、市の開かれる日をそのまま町名にしている地区(一日市:ひといち、六日市:むいかいち)が多い。また、土淵地区にも同様に地名として残っている(五日市:いつかいち)。
* 3 千葉幹夫・菊池新一「馬を使ったグリーン・ツーリズム」『パハヤチニカ』Vol.9、2000年冬号、18-19ページ。
* 4 山奈宗眞(1847-1909)は遠野の企業家。維新後は牛馬の育成や養蚕を研究し、製糸場・私設農業試験所の開設や、当時全国唯一の私立図書館とされた信成書籍館の設置にも尽力した。
* 5 日本地域開発センター『トオノピアプラン』清文社、1982年。
* 6 山田晴義「永遠の日本のふるさと遠野の地域再生策」NIRA Case Study Series, No.2007-05-A-1、2007年5月。
* 7 山田晴義の著書名。遠野市政策研究会編でぎょうせいより出版された『遠野スタイル――自然と共に循環・再生し続ける永遠のふるさと遠野』での暮らし方やまちづくりの方向性として扱われている「ソフトな共通基盤づくり」
* 8 増田寛也 編『「地方消滅」東京一極集中が招く人口急減』中公新書、2014年8月。

第二章
未来を創る人々の物語
—— 遠野で暮らすとは

編集人 浅沼亜希子・樋口邦史

I 遠野民泊のすすめ——交流・共感・共育・協働の花輪を
遠野山・里・暮らしネットワーク：民泊協会　浅沼亜希子

❖ はじめに

　特定非営利活動法人遠野山・里・暮らしネットワーク（以下「山里ネット」）は、平成15年に、遠野で自発的・草の根的に生まれたグリーン・ツーリズムに関わるグループやメンバーを支援するため、ネットワーク化、協働でのプロジェクトの実施、情報の共有化などを図ることを目的に結成されました。山里ネットの特徴は、多様な活動を行うグループを束ねたクラスター型であることで、さまざまな遠野のグリーン・ツーリズムのグループが交流と共感と協働に基づき、それぞれがさらに発展していくことや、ひとつのグループではなしえなかったことを実現することを支援しています。

　主な事業として、グリーン・ツーリズムを中心に、民泊受け入れ事業や茅葺家屋保存事業、遠野への新規就農・定住促進事業の促進、旅行業務事業などを行っており、遠野市を主たる活動フィールドとして、「資源を生かした都市住民との交流の深化と移住の促進」「伝統文化・芸能・技術・技芸の伝承と進化と応用」「里地・里山における循環的な生活スタイルの再興と実践」を柱に具体的な事業を行っています。

　民泊は、民宿と違っています。

　"民宿"は「民間人が経営する"宿（やど）"」であり、旅館とか、ホテルとかの事業者が経営する宿泊事業施設、つまり宿泊サービスを提供して宿泊料金

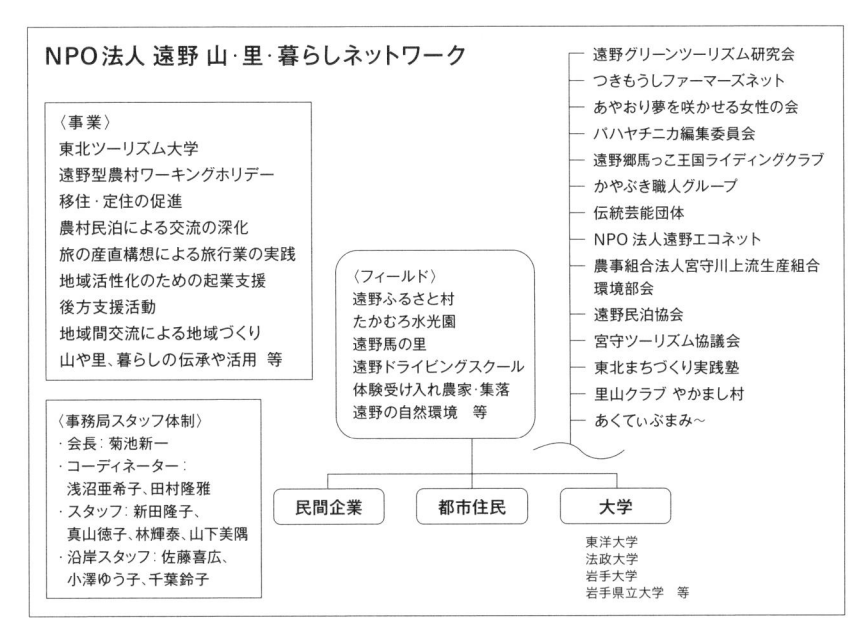

```
NPO法人 遠野 山・里・暮らしネットワーク        ─ 遠野グリーンツーリズム研究会
                                              ─ つきもうしファーマーズネット
〈事業〉                                        ─ あやおり夢を咲かせる女性の会
 東北ツーリズム大学                              ─ バハヤチニカ編集委員会
 遠野型農村ワーキングホリデー                      ─ 遠野郷馬っこ王国ライディングクラブ
 移住・定住の促進                                ─ かやぶき職人グループ
 農村民泊による交流の深化                         ─ 伝統芸能団体
 旅の産直構想による旅行業の実践                    ─ NPO法人遠野エコネット
 地域活性化のための起業支援       〈フィールド〉   ─ 農事組合法人宮守川上流生産組合
 後方支援活動                    遠野ふるさと村       環境部会
 地域間交流による地域づくり        たかむろ水光園    ─ 遠野民泊協会
 山や里、暮らしの伝承や活用 等     遠野馬の里       ─ 宮守ツーリズム協議会
                                 遠野ドライビングスクール ─ 東北まちづくり実践塾
〈事務局スタッフ体制〉             体験受け入れ農家・集落 ─ 里山クラブ やかまし村
 ・会長：菊池新一                 遠野の自然環境 等   ─ あくてぃぶまみ〜
 ・コーディネーター：
   浅沼亜希子、田村隆雅
 ・スタッフ：新田隆子、
   真山徳子、林輝泰、山下美隅            民間企業    都市住民    大学
 ・沿岸スタッフ：佐藤喜広、                                    東洋大学
   小澤ゆう子、千葉鈴子                                        法政大学
                                                             岩手大学
                                                             岩手県立大学 等
```

図表4 遠野山・里・暮らしネットワークの事業概要

を頂く営利事業です。宿泊施設である以上、安全・衛生・健康への配慮から、法律に基づいた細かな規制を受けます。

　一方、民泊は宿（やど）ではなく、現場実習や研修のために訪問して、学習をすることが目的とされる非営利事業です。そして、その学習を支援するために、地元の人々が自宅を自発的に提供しています。つまり学習環境及びそれに伴う宿泊を支援する場なのです。

　クラスターの一つである遠野民泊協会では、民泊受け入れ事業として修学旅行生などをおよそ120軒の農家にホームステイで受け入れてきました。また、毎年100名ほどの参加を得て、遠野に滞在して農業を体験するワーキングホリデーを盛んに行っています。

　「民泊で何をするの？」これが、まずは、皆様からのお問い合わせの御言葉です。

　私たちは以下のようにお応えしております。

滞在時間に関しましては、ご要望に応じつつ、基本の流れとしては、

① 民泊先に訪れる前に、簡単な対面（入・開村）式をしてから
② 御世話になるお父さんやお母さんの車で民泊先（お家）に移動します
③ そして、農作業をしたりします
④ 必ず、農村の食文化を体感します
⑤ そして、お家の方と積極的なコミュニケーションを取ると、さらに良いことがあるかも

でも、そもそも、「民泊って何？」っていう真面目な問い合わせもあります。
　私たちは、遠野市民の一人として、この地の「山・里・暮らし」を、この上なく、愛しております。そして、この遠野には、この地に心をこめた人々による多様な"つながり"と"ひろがり"があります。"つながり"には、小規模な家族、数名の小さな同好会、数十軒の家々からなる地域コミュニティ、さらには、遠野ツーリズム活動のように、地域外の人々ともつながった、年間、何百何千人という大きな規模のものもあるのです。
　例えば、山里ネットは、家族や、コミュニティ、農業・林業・環境・馬事関係の小さな同好会をつなぎ合わせながら、年間約3,000人の訪問者・学習研修者を受け入れます。そこで、私たちは、約150軒の"民泊を受け入れて遠野文化を守る人びと（守人＝まぶりっと[*1]）"とともに、この地の良さや魅力に触れて、この地を訪問される方々と、話し合い、学び合い、交流し、共感しあい、この地の自然や暮らしを共にしていただくこと。それによって、互いに学び合い、育ちあって、遠野と多くの地域の共生を実現してゆくこと。このことを、この上ない幸せであると感じてきました。
　現代は、各地域が孤立しがちで、互いに、生き残りを賭けた生存競争の渦中にあります。これでよいのでしょうか。各地域は互いに学び合って、育ちあい、よりよい地域を創り上げるために、共生してゆくこと。ここに、私たちは希望を見出しています。遠野での私たちの民泊は、岩手県の民泊の指針にのっとり、営利を目的とせず、当面の利益がでるからといって無理をせず、市町村等が設置した協議会主催の地域間人材交流活動の受け入れ先として運営されてきま

した。遠野民泊協会の交流活動は、上記をクリアした一般家庭の他、簡易宿泊業を取得した農家民宿、既存宿泊業者等が、受け入れの中心となります。農村の暮らしを体感していただくことを大切にしておりますので、専業農家ばかりではなく、色々な特色を持った町場の協会員もいます。

❖ 遠野ツーリズムの背景

　山里ネットは、自発的で草の根的に生まれたグループやメンバーによって形作られました。そして、遠野のグリーン・ツーリズム（以下GT）のネットワーク化に取り組み、農家体験、曲り家など居住体験、見学研修など、協働でのプロジェクトを実施すること。これらの経験を踏まえた、学習や文化交流などの情報を共有すること、などを目的に平成15（2003）年6月に設立しました。当時の遠野市の人口は3万1,000人程度（平成17年国勢調査）、今後の人口減少が懸念されていたことから、交流人口の拡大と、定住人口の着実な定住化をめざすグリーン・ツーリズムの手法を活用しようと決意し、この手法を独自に開発した遠野ツーリズムとして実践し、各地における応用や普及を提唱。行政と密に連携した交流人口拡大に取り組み始めました。

　このような動きの中で、遠野ツーリズムを活用するには、遠野独自の団体旅行者受入基盤が必要であると考え、宮守ツーリズム協議会・遠野民泊協会を平成18（2006）年までに発足させました。平成17年の旧遠野市・宮守村の合併後は、2団体の協働による教育旅行（以下教旅）受け入れに力を入れてきたのです。

　しかし、GTの現実は決して順調な歩みではありませんでした。全国的な「体験型観光」＝GTへの需要の高まりがビジネスに有効であるということになりますと、観光事業者などから、地方農村部における農業体験等体験メニューの細密化、価格設定が進みます。そこで、元々観光地ではない農村部コミュニティには、ビジネスに対応できるところとできないところの格差が生まれ、宿泊施設の利用者が減少して経営が成り立たないところも生まれました。これが、多くの地域の荒廃・疲弊が生まれた原因でした。

　修学旅行など、教育目的の旅行需要に応答していると、一時は、うまくゆく

ように見えて、麻薬のように、それに依存する。しかし、対応できなくなった地域から事業活動としての崩壊が始まる。一旦、依存体質ができてしまうと、事業が崩壊した時、借金が残り、農家経営は生産物の消費需要が現地で減退して経営自体が成り立たなくなるのです。恐ろしいことですが、これが現実でした。

　そんな中でも遠野ツーリズムは、「教育旅行麻薬説」も真摯に捉えながら、地域が楽しく交流人口拡大に取り組む方法を模索してきました。そして、非営利事業としての実践を重視し、宿泊そのものよりも、文化交流、共感、協働、学習、学び合い、育ちあいを基本とした、独自の受け入れ方針を決めて実行しました。それらは、当面の事業活動のために、日ごろの仕事や生活を犠牲することなく、一人ひとりの実情を尊重しあうこと。受け入れ側と、訪問者を媒介するコーディネーターを重視して、それぞれの事情をよく知ったうえでの「出会い」の場をつくること、などでした。

①無理のない受け入れ
②受け入れが楽しめる
③受け入れ家庭が参加「体験」より「体感」を大事に

　以上の3原則を基に受け入れ家庭の勧誘を進めました。その結果、平成26（2014）年12月現在で約150軒の遠野民泊協会登録者を得ています。国内にGTが定着し始めて20年余り、農村部各地で受け入れ農家の高齢化が叫ばれ、地域としての受け入れが危機に瀕する所もある中で、遠野では移住・定住者を含め若い世帯の受け入れ者が参入し始め、うまく世代交代が進む兆しを感じています。

　また、国内外から多数の若い世代が参入ようになったのには、富士ゼロックス㈱が運営する"遠野みらい創りカレッジ"と連携することで、まだ全国的には早い取り組みとなる社会人研修等がプログラム化されて、「大人＝おとな」の受け入れを始めたことも、大きな動きと思われるのです。

写真 3、4 カレッジでのマッチングの様子（提供：山里ネット）

❖ 遠野ツーリズムの入口と出口・リピーターの定着化

　山里ネットにおける事務局としての主たる業務には、協会員として登録をお願いする民泊受け入れ者への勧誘があります。現在は既存会員の口コミによる入会も増加傾向にあります。ユーザー（以下来遠者）への勧誘も行っており、全国各地の教育旅行誘致説明会にも参加しています。平成25年～26年には北海道、大阪での教育旅行商談会に参加し、民泊の魅力だけではなく遠野全体の持つ文化資本の魅力もPRしてまいりました。

　また、民泊を伴う下見の受け入れを積極的に実施しております。特に、全国の学校および企業担当者の希望旅程に沿った現地確認では、事務局として行程の調整を実施し、下見終了後に具体化した旅程等に沿い、使用施設の予約や必要な資料の準備などを行います。受け入れ者の選定については、民泊を伴う来遠希望者（個人）または団体の示す情報に基づき、希望農家の形態やアレルギーへの対応をまず行います。これらを私たちは、来遠希望者と民泊先をつなぐ"マッチング作業"と呼んで、もっとも重要な"おもてなし"だと考えております。

　マッチングの中でも民泊先の発表とお家のお父さんお母さんとの対面式は、民泊を初めて体験される方々にとっては、とてもワクワク、ドキドキするセレモニーです。しかし、その前に受け入れ先への連絡、そして事前の受け入れ説明会のアレンジ、さらには、これまた事前の来遠者情報・行程等の配布などなど、受け入れ前の事前準備が意外と大変なのです。受け入れ当日の対応は、

対面式の後に、教育旅行などの場合は特に、受け入れ先への巡回をして、問題や困りごとがないかを確認することもあります。そして、事後対応として、お礼状の配布、手配業者等との一連の精算作業などがあり、これらの作業が終了するまで気が抜けません。また、岩手県の民泊基準を満たすために、衛生管理、救命、危機管理講習等の定期的な講習会を開催し、おもてなしする側として最低限なすべきことを、しっかり身に付けることも忘れてはならない事柄なのです。

　また、マッチングにおける情報の活用と管理作業は、リピーター獲得の趣旨を持った有効且つ友好的な民泊戦略へ結びつけることができます。第一に、来遠者の詳細情報の活用ですが、宿泊者の持つアレルギー（食物・動物等）などの個人情報、学生さんであれば部活・学部・趣味の把握、そして来遠回数等の履歴の把握などを、万全なセキュリティの中で管理（レコード）することができます。

　例えば、教育を目的とした旅行の場合は、連絡先情報等を事前配布の「自己紹介カード」に記入いただいて管理することもあります。

　これらの情報はプライバシーを守ることを前提として、受け入れ家庭やリピーターの方々にも再利用できる情報として、有効なおもてなし情報となります。そして、リピーターに対してはこれらの情報を基に、いつでも安全かつ安心なおもてなしをご提供できることとなります。第二に、受け入れ者の詳細情報活用ですが、家族構成、趣味、特技、在住地域の特性などの情報を、的確に来遠者に伝えることができます。また、農家であればその形態、栽培品目、家畜などの成育生物などの情報は、来遠者にとっての体験意欲を掻き立てることになります。また、受け入れ中の双方へのきめ細かい連絡や、受け入れ後の双方への総合的な確認作業を実施することで、体感メニューの感想や食事などの提供内容の満足度合いなどをオンデマンドで把握できることとなります。そして、それらの情報は、受け入れ家庭と来遠者双方の素の感触として記録・共有されることで、それぞれの満足度向上或いは改善につながることになります。

　そして最後に、マッチングの過程で両者の共通点の摺合せですが、この作業を実施しておくことで、初対面であっても互いに自然なコミュニケーションが

生まれるきっかけ作りとなり、来遠者も安心して受け入れ家庭に移動することができます。さらに、受け入れ家庭が来遠者のニーズを事前に把握しておくことで、農業や体感メニューを通じて、自らが「先生」として来遠者に満足度の高いサービスや質の高い"場"の提供が可能となります。

❖ 遠野人になってくだされば──感謝と報恩

　遠野みらい創りカレッジの本校となっている旧遠野市立土淵中学校を訪れた際、ちょうど20年前の社会科の副読本「ふるさと遠野」（編集者：中学校社会科副読本編集委員会、発行者：遠野市教育委員会、による平成3年4月1日改定）を手に取ることができました。巻頭には、「私たちのふるさと遠野は、私たちから見える山脈（やまなみ）の中で、郷土の人々の日々の暮らしが営まれています。しかし、その山々を越えて、さらに向こうの人々との交流が必要です」と、中学生にもわかりやすい、おもてなしの心を醸成するようなメッセージをみつけて、遠野人として誇らしい気持ちになりました。そして、当時の農業のあらましや、畜産、そして林業といった遠野を代表する産業を説明した章を見るに付け、民泊の受け入れ家庭の営みの形態について、思いを馳せるのでした。

　現在、受け入れ家庭の形態は産業別に分類として、農業とその他で分けることができます。農業には遠野民泊協会発足当初から多数登録いただいている専業農家さんが第一にあげられます。その専業形態は大きく分けて、水稲、野菜、畜産、果樹に分類されます。農業高校などの生徒さんたちのように農作業体験に関心が高い団体の受け入れ時には、これらの情報を的確にお伝えすることが必須となります。

　次に、同じように協会発足当初からの登録者が多い兼業農家さんがあります。こちらも専業同様に副業形態はさまざまですが、農作業体験を重要視する団体の他、さまざまなご経験を持つ旅行者、そして大学の研究者などの受け入れ時には、本業のノウハウを生かして積極的に交流を図るようなご家庭が多くなりました。農業には、畜産、水産（川魚）、林業などもあります。林業は別にして、畜産や水産は農業との兼業の場合が多く、昨今の環境経営や里山志向の影響もあって、こうした登録受け入れ先への問い合わせやリピーター

写真5-8 代表的な登録済みの受け入れ先
提供：山里ネット

が増加傾向にあります。

　そのほかに、農家民宿と農家レストランの登録があります。遠野ツーリズムを生業として販売するツアー形式の際は、農家民宿を推薦するようにしています。設備は申請通りに整備されていますが、受け入れ先の実態はアットホームな「民泊」であり、民宿と同様の満足感を得ることができます。一方、5件の登録がある農家レストランは、ワーキングホリデー者の受け入れに最適だと考えております。

　なぜなら、食育や食品加工会社等の社会人が、食の生産現場の実際を見るための利用には最適だからです。特筆すべきは、現役の市議会議員や元行政マンのご家庭への受け入れです。

　自治体や行政の視察民泊希望者を受け入れた場合、これまでの豊富な市制や公務の経験を生かし、遠野の暮らしや産業について、朝まで語り合うことも多いようです。また、受け入れ者自身も各地へ視察研修に出向いていることから、来遠者との共通の話題や地域の内情を中心に、地域の未来について語り合うことも多いと聞いています。また、元行政マンは、地域の施設や人脈等に精通しており、来遠者の急な要望やニーズにも「昔とった杵柄」で、臨機応変に対応できる強みを発揮します。

❖展望を拓きながら課題を考える

　本章の締めくくりに、民泊に関して来遠者と受け入れ家庭、それぞれのメリットについてまとめてみたいと思います。遠野人の暮らし方を垣間見る、という来遠者の関心事がそのまま最大のメリットになるといって良いと思います。都会では当たり前の核家族の中で暮らしてきた来遠者が、最も遠野らしい大家族の受け入れ家庭に飛び込むことで、普段味わうことができない世代間交流を体験できるのですから。遠野で古くから育まれてきた「文化的な共同体」での暮らしは、都会人が忘れてしまった「地域社会での生活のあり方」を、思い出させてくれるのです。加えて、遠野ならではの生産物（食品・日用品）への直接的な興味啓発。飲食店では味わえない地場産食材多用の「遠野のふだん食」の堪能。生産者の顔が見える「安心・安全」な農産物の直販先での買い

物などなど……。一言で言い表すとすれば、「田舎を持たない首都圏出身者に、"心のふるさと"ができる」これが、遠野人との暮らしを通して、来遠者が共通して享受することができるメリットといってよいでしょう。

　一方、受け入れ家庭には、どのようなメリットがあるでしょうか？　それは、来遠者の感じ方の先に見えるもの、つまり観光に携わらない市民の心温まるおもてなしの先にある来遠者（市外在住者）の生活や世界観などを、外の世界に出なくとも体感できるということだと思います。例えば、海外の大学生や研究者に対して、遠野産の農産物を食してもらい、彼らの反応を直接感じられるということがそれにあたると思います。さらに、首都圏の生活者にこの地域ならではの「郷土料理」作りを体感してもらうことで、帰京後も遠野や岩手産の農産物の消費リピーターになっていただけることも、受け入れ家庭だけでなく、岩手県民全体のメリットといっても良いでしょう。

　このように、多くのリピーターを獲得することができれば、その農家が直販先となり、顔の見える出荷先を確保できるようになるのです。教育旅行では、リピーターの獲得に長い期間を要しましたが、経済力を兼ね備えた社会人は、短いスパンかつ計算できるリピーターになることがわかってきました。さらに、SNSが発達した現代においては、遠野人が他地域へ出向く際、民泊経験者を頼って出かけることが可能になることで、相互の連携と交流が促進されるという新たなメリットも感じることができるようになりました。

　しかし、多くはありませんが、民泊につきまとうデメリットも見過ごすことはできません。見ず知らずの者同士が出会う不安感はぬぐいきれないでしょう。一般宿泊業者のような、おもてなし（アメニティ・食事・飲酒等）への期待には応えられません。また、地域内での画一的な受け入れはできないため、古民家だったり普通の住宅だったり農家じゃなかったり……という、期待はずれの一晩になることがないわけではありません。

　さらに、リピーターを獲得しても、個々に金銭のやり取りができないために、

写真9　民泊先での賑やかな夕食　提供：山里ネット

生業として民宿化するほど商売っ気が醸成されない、また、意欲的な受け入れ家庭が農家民宿化しようとする際には、規制・申請作業が煩雑であるという、独特の悩ましさもあるようです。しかし、前述の遠野みらい創りカレッジのプログラムにおいて、民泊を通して地域社会の在り方などが話し合われることで、民泊受け入れ家庭に、その結果がフィードバックされています。また多様な世代の受け入れが促進されるために、遠来者には地方ならではのおもてなしだけでなく、体験や共同作業などの新しいタイプの教育の機会を提供することが可能となりました。さらに、遠野市民の中でも、次世代を担う高校生たちと、来遠者との交流が進められることで、市民から民泊に対するさらなる理解と共感が得られるようになったことなど。悩ましさを埋めて余る効果が現れているのは嬉しい限りです。

❖ 民泊のみらい創り

　振り返って、遠野のグリーン・ツーリズムは、自発的で草の根的に生まれたグループにより、形づくられてきました。そのため、従来型のピラミッド型組織の一方向の命令系統では成立し得ない、異質さや意外さ、突飛さを内包する「寄り合い的」な組織を形成してきました。しかし、このような異質な存在が、自由で緩やかなグループという組織で活動を開始し、そして、類似する存在を求めてつながっていくことから、思いがけないつながりや、独創的な取り組みが実現しているのです。そのクラスターの一つが遠野民泊協会です。

　民泊は地域社会とともに成り立ち、その他のクラスターと深い関係性を持ちながら、今後も自主的に運営されていくでしょう。このような、自発的で草の根的に生まれた民泊は、共感と協働の上に成り立ち、来遠者に新しい洞察と熱い感動をもたらすものとして伝承されていくはずです。山里ネットは、地域の人々ともに"遠野風"民泊としての独自性を保ちながら、それぞれが永遠のふるさとの中で、さらに発展していくことを支援してまいります。

II 永遠のふるさと遠野、現代の語り部からの伝言

暮らしの充実こそ美しい環境を育てる——自然の中の労働と文化

宮守川上流環境部会 事務局長 大石悦司

　遠野市宮守町の宮守川上流地域を訪れた人の多くが「きれいだ」と言う。地域の観光バスのガイドさんにも「きれいだから、ここを通るルートを選ぶの、お客さんが喜ぶから」と言われた。もちろん北上山系のおだやかな山襞（ひだ）の自然はきれいだ。それとともに、きちんと草刈がなされ、耕作放棄地のない、整備された傾斜地に広がる圃場の姿を綺麗と言ってくれるのである。里山に開かれた田を、営々と守り継いできた、一人ひとりの村人の労働の姿に心を通わせてくれるのである。この田を拓き耕してきた人々の技と文化は、私たちの誇りである。

　ここでの、稲作は、西の世界からもたらされたものの、先住民であるアイヌや縄文人のもつ狩猟技術、木造建築や鉱山開発の技術、医療の技術などと交流しながら適地作物として改良されてきた。
ここの米は、寒冷で岩石の多い地質や土壌・植生、傾斜のある地形での水利用システム、豊かなブナ林の生み出す保水や浄水の機能を生かしたので美味しくて面積当たりの収穫量が多い。改良に改良を加え、水利を確保して、ここまでに、導いてこられた先人の職人技に頭が下がる。

　「日本の永遠のふるさと」を謳う遠野市は、何といっても柳田國男の編纂による『遠野物語』に代表される民話の里である。また、宮守地域でも神楽やさんさ踊りが今も伝え演じられている。こうした民話や芸能は、人々の暮らしの礎の上に、労働の表現として、生活の癒しとして、人びとの絆として受け入れられ、引き継がれてきたのである。

　柳田は、民謡としての田植え歌が、労働と芸術文化を統合した、人としての生き方の原点であると指摘したが、宮守の歴史は、岩手の多くの地域ととも

に、労働と文化の統合を現代に再生する手掛かりを与えてくれる。それは、都会における「効率性は高いが非人間的労働」の対極にあって、人々を遠野に誘って止まない。

同じ岩手の宮古を起点とする黒森神楽は、北は久慈から南は釜石までを巡行する全国的にもまれな広範囲にわたる芸能で、震災の苦難を乗り越えて息づいているという。

写真10 ライトアップされた雪景色　提供：宮守上流生産協会

ところで、南部藩、岩手は、江戸時代に133回の一揆が起き、全国で最も多く発生した藩である。中でも陸中海岸沿いの人びとが丸に小の字（困るの意味）のムシロ旗を立てた南部三閉伊（さんへい）一揆と言われる弘化4（1847）年と嘉永6（1853）年の一揆は、1万数千人が蜂起した日本の歴史上でも最大規模の一揆であった。弘化4年の一揆は、南部家支藩の遠野城下の早瀬川原に結集し税の軽減の要求を勝ち取るが、裏を返した藩の弾圧で指導者たちは極刑に処せられてしまう。続く嘉永6年に再び蜂起した民衆は、仙台藩に越境して訴えたのである。それは、6月6日のことであった。時折しも、同じ1853年6月3日は、アメリカのペリー率いる軍艦が浦賀に入港した歴史上の出来事が起きていた頃であった。人びとの生活が苦しい故に起ちあがったことは言うまでもないが、1万数千人の闘いを組織する、新しい時代を見据えた優れた指導者の長い準備があったであろうことは想像に難くない。

一揆のことは、主題ではないので置くとしても、先の黒森神楽の巡行が、陸中海岸地域の民衆の生活を癒すのみでなく、苦しみをもたらす藩の圧政を語り、世の中の動きを伝え、一揆への人びとの絆を強める力になったと言われている。暮らしに根ざした文化の力である。

現在、高齢化社会、地方の消滅と声高に叫ばれている。それは日本全体のことであるが、ここ宮守もその代表的一集落である。私たちの集落では、"夢のある「一集落一農場」の実現をめざして"のスローガンを掲げ、みんなで力を合わせて明るい地域、元気な農業を創りたいと願っている。しかし、農業の現実は厳しく、世代を引き継ぐ生活は困難である。

農政は、だったらもっと大きくして、海外との競争に勝てるようにしろとしている。

だが、大平原ではない私たちのような中山間地域では難しいことである。そして日本の国全体が、中山間地であることも事実である。

だが、振り返って考えてみれば、ずっと以前から農家の暮らしは、生涯現役で、歳に応じ、体力に合わせ、経験を生かして働いてきた。そうして、都市部も含めた、食料の供給を支えてきたのである。地域資源循環型の、自然に生かされた農の営みを大切にすることこそ、人びとの暮らしの安全と安心をもたらし、日本だけでなく世界の国々が、共に認め合い、交流、交易する基本の姿ではないだろうか。この基本の姿を生み出す宮守の市民と、技と文化の職人的力量こそ、「遠野の貴重な無形資産」である。この価値を自覚して、無価値な流行文化に振り舞わされることなく、次世代を育て、育ちあうこと。

写真11-12 農家の手伝い（上）、上宮守のさんさ踊り（下）
提供：山里ネット

育ちあいの場を宮守で生み出してゆく。ここで、改めて先人の智慧や世界各地の経験に学び、健康で生きがいのある労働をとりもどす。

地域の自然、歴史、文化の環境に準じて、働きながら、老いも若きも、心豊かに暮らしていくことができたなら、その労働の営みの上に、その地域の文化が芽吹くであろう。

画一的なTV文化、金銭的尺度の文化ではなく、地域の自然、歴史、社会に生かされた暮らしの中から個性的な地域の文化が息づくであろう。この営みから、新しい『遠野物語』が育つに違いない。

生活のままの中に対話と民泊を
森の山小屋　わらしゃんど　小山美光

❖ "みらい創りキャンプ"で遠野の話をしよう

　震災復興支援活動で、遠野や釜石で地元との信頼関係を広げつつあった富士ゼロックスさんの地域コミュニティ対話集会に、2013年2月の冬キャンプからお誘いを頂き、参加させていただきました。初めは「何が行われているのだろう」とレンズのピントを合わせられないまま傍観者でのぞいてみようっと、入山致しました。みらい創りって？　そしてまず、なぜ遠野で？　という疑問がわきました。しかし、経験したことのない形式の対話が進んでいくうちに、マジックにかかったようです。どんどんおもしろくなっていきます。私自身の組み立てのない想いが、言葉にのって出てきます。そして輪の中の皆様の想いがずんずん伝わってきます。

　なぜ遠野ですか？　なぜ皆さんここに居るのですか？　私も？

　60歳を過ぎて、スローライフをさまざまにエンジョイしようと始まった遠野暮らしでした。そこには……

・まず、1番の疲れ切っていない空気がありました
・そして、おいしすぎるごはんを食べすぎます
・あと希むべくは、コミュニケーション、というころあいでした

　みらいというのは次の世紀、近くても5年、10年とかの月日の後のことと考えていましたが、回を重ねるうちにみらいとは、今からやってくるすぐ後のことというふうに考えが変化してきました。「みらい創りキャンプ」で取り上げられたみらいとは、遠野に限らず、わたくしのすぐそこにある未来ではないか、と。ここに集う皆様が遠野の未来に想いを寄せるというのは、「言葉にし出していくうちに豊かな自身の未来が見えてくるのでは」という思いになりました。ワクワクと楽しくなっていきました。

さて、2011年3月11日の出来事は、私たちにとっての友人知人、そして親戚家族のあまりにも身近な被災なのでした。あの日から緊急放送に耳を傾け、襟を正してTVの前に座り毎日行動をおこしました。ひとりでに放送が流れていくのではなくて、キャッチして動くという行為をうながしてくれました。このことを通じて新たなコミュニケーションが成立してというふうに感じました。

　コュニケーションについて、実感致しました体験があります。県外から訪れる中学生を地域の家々にお連れして、屋号についてお話を聞かせていただくということをしたことがございました。そこでは、80代のご夫婦が饒舌に喜んでお話しくださいました。また、突然の初対面の中学生たちに対して、若いご夫婦がこれほど喜んで対話してくれるとは思ってもいないことでした。それぞれが世代を超えて、いろんな形でのコミュニケーションを求めているのだな、と思わされました。

　キャンプから生まれたさまざまな具体案が、次々に具現化していく事例を観、大変嬉しく、たのもしく感じております。スロースローに憧れての暮らしのはずでしたが、今ではこのスピード感にきみよさを感じているほどです。富士ゼロックスさんの新人研修生と遠野緑峰高校の生徒、そして市民による対話集会は圧巻でした。近い将来に「そうだ、遠野へ行こう!」という社員が出てくることを期待します。

　神戸松蔭女子学院大学の青谷先生の研究室を神戸にお訪ねしました折に拝見いたしました2013年5月の時の青写真が、今日では形になって成果をお見せ頂いていますね。女子大生の皆様の「ものづくりの姿勢」には説帽です。今後が楽しみでございます。統廃合による旧遠野市立土淵中学校の用途についても、3月まで生徒さんが通学していた校舎に、すぐにこうしてキャンプから生まれた「みらい創りカレッジ」設立が出現し、大勢の人が出入りされているということは、素晴らしい出来事だと思います。所属を持たない、係わりのない一般の市民の参加型のフロンティア事例になると思います。主婦の勘ですが(笑)。

　「おらほの中学校もまがって見ってもんだなは(のぞいてみたい)」という風に広がることを夢みております。まだまだワクワクさせてください。そして「おもせ(おもしろい)」と言いに、どしどしいらしてください。このような機会をお教えい

ただきましたことに感謝申し上げます。

❖ 大福帳

　家庭を構えた時に調えた1冊のゲストブックがあります。我が家を訪れてくれた友人・知人に、名前を記して貰っていた大福帳という名の古い冊子です。落書き帳のつもりで、出してみたら、皆さんがいろいろ書いてくださるようになりました。いつの間にか、項が増えたくさんの珠玉の宝で埋まりました。

・日常の営みの愛をおわけ頂き感謝です
・いつか体験して見たいと願っていた夢の体験……
・貴重な非日常
・これからどんな物語が、ここで展開するか……
・Share the secret!
・ゆかいな場所……
・初めてづくしで、ドキドキワクワクなのにどこか心が落ち着いて不思議な素敵な気持
・新しい故郷をえたような……　など

　この冊子に遺してくださったどのページも大切な1頁です。
　東日本大震災時、全国各地からのボランティアの方々に、温かい食事を差し上げたいと思いながら、当時の事情で実践できずにいました。そこで、多くの躊躇もなく、民泊の受け入れをさせていただくこととなりました。娘をホームステイさせて頂いた経験から、依頼があれば外国人留学生の受け入れにも挑戦しました。泊まっていただく方々も初民泊体験ですが、受け入れる私たちにとっても初めての体験です。さまざまな不安は交錯しますが、「よぐおでっておぐれんした。どうぞ一日遠野で暮らしていってください」と。遠野独特の曲がり家に住まいしているわけでもありませんので、ハウスでは無くホームにと、お迎えしています。おいでの際には緊張していらっしゃったお客様が、リラックスされたお顔でお帰りになられますと至福の時を過ごさせてもらっただけではなく、

写真13 小山家の資料 提供：小山美光

フェアツーリズムが成立した！かもしれないと思い込み、民泊を続けるエネルギーを頂きます。

　いつもの暮らしに、帰ってきた家族を迎える、の気持ちで、初めての方をお迎えしています。またの来訪の方には、「お帰りなさい」とまずは一言。食事を共に饗し、ひと夜を語り、湯たんぽで休んでいただく。たったこれだけの交流から生まれるさまざまな創造物は、最上のプレゼント。そして私たちにとっては最良の財産になりました。朝食の後に、テーブルを移し、コーヒーを啜りながら、「ああ、ゆっくりした」という独り言が聴こえてきた時の嬉しかったこと。

　起こすまで、ぐっすり、休んでいただく方。惜しむように、早起きされて、辺りを散歩される方。いい時間が流れます。私共にも。

　一昨年竹田市における第二回国際フェアツーリズム大会に参加する機会を得てフェアツーリズムという言葉を初めて知った民泊体験は、ゲスト、ホスト、ステークホルダー、三者の相互保全の意義を知らしめ、私共に介入の任をご苦労くださるNPO法人遠野山・里・暮らしネットワークさんの存在に、ゲストとホスト、両者の感謝の意が絶えるものではありません。

　富士ゼロックスという大企業が、東日本大震災を機に、遠野市に、遠野みらい創りカレッジを生み出し、私共に、コミュニティーベース観光ツーリズムの大切さの気付きを得たということにも、励みを頂きましたことは、申すまでもありません。

　翻訳者たれ、と言われた池上先生の言葉を大切にしています。

　「日常の暮らしを生きていくこと」このこと自体を文化資本である、とお教えいただいた遠野京都文化資本研究会の先生方には、民泊にも取り組んでいただきました。わらしたちの集まる家わらしゃんどをうけて、民泊くださいました

60　第一部　現代の遠野物語

京都市民大学院の先生が、大福帳に遺してくださった頁をエピローグに。

謝々
わらしゃんどと、京童が遠野での交流を楽しむ‼
夜半2時までおいしく飲みかつ唱う
朝はゆったり食事を楽しむ
さあ　学習交流会に出かけよう
2014.11.21　東寺弘法大師の縁日の日だ

地域住民が楽しむ交流のための「やかましさ」がある場
里山クラブやかまし村事務局　岡村隆雅

❖ 遠野への旅路の魅惑

　東京駅から遠野駅に向かう旅路は、別世界へ誘われるような気持ちの高揚を覚える。例えば、春の頃の新幹線の車窓からは見える景色は印象的である。高さのある青空の下に広がる里山が徐々に蒼い風景へと鮮やかに変化していくからだ。新花巻駅で下車し、遠野駅へ向かう釜石線に乗れば、非日常への誘いともいえるような現実からの遠逃感覚はさらに増す。ブナやナラの雑木や杉林が混在する山々や森や湖のように水が張る水田に囲まれた里をかき分け、宮沢賢治の銀河鉄道に表現される世界観を少し垣間見終えたころ、遠野駅に到着する。

　東京生まれの筆者が遠野に移り住んだのが2004年である。はじめての来訪は、2001年5月1日の東洋大学の社会学部の一学生としてであった。遠野駅到着後、車に乗り、宿場や商屋を通り過ぎ、どこか寂しい街並みをながめ終える頃、早瀬川に差し掛かった。

　左手に見えた満開に咲き誇る川沿いの桜並木が美しく凛としていたことを今でも鮮烈に覚えている。右手に見える六角牛山の雄大さに気づいたのは後日

のことであった。

　遠野への魅力を語り合うとき、このような鮮烈さや非日常が醸し出す土地や生活の魅力を語るのは筆者だけではないような気がする。

　それを根幹で支えるのは、この土地の根源的で潜在的な力を内在する住民であることも、移り住んだ今でもずっと感じている。それを体現しているのがこれから述べる里山クラブやかまし村である。

❖ 古くて新しい結の精神

　里山クラブやかまし村をつくるきっかけは、2001年から5ヵ年続いた都市農村交流で集落を活性化することをめざした東洋大学と遠野市松崎町の宮代集落の交流であった。集落調査や集落の神社である元八幡神社の例祭のお手伝いにはじまり、農作業の手伝いや集落の清掃等を通した集落の実態調査も実施した。ここでの多くを知らない学生は、季節ごとの生活の成り立ちや地域の話題を聞きながら、住民との交流が深まっていくことに面白さを感じた。一方、集落の人たちは都市と農村の違いが交流の話題きっかけになることや自分の住む土地を誇りに思えること、自分自身の生きがいや楽しみになることがわかってきた。

　そういう感覚を味わった人たちが、「謙虚で楽しく暮らしたい」「賢く土地や自然を利用し、みんなで生きたい」「地域内での交流をもっと楽しみたい」と思うに至り立ち上げたのが里山クラブやかまし村である。2009年に松崎町宮代の集落の中にその場所を作った。幹事2名は、東洋大学との交流の仕掛け人であった集落の牽引役であった男性2名。村長（メンバーの代表）を集落で交流を楽しんだ女性にした。女性が主役にならないと男たちの夢物語になってしまうことを東洋大学との交流で知ったからだ。

　メンバーは宮代集落を中心に、遠野市内に住んでいる農家や建設業、ガス屋、猟師、キコリ、主婦、行政マン、パン屋、カメラマン、スペイン語翻訳家、NPO職員、またこういうことに惹かれた市内外のさまざまな人がメンバーである。

　やっていることは、「楽しむ交流」である。毎月第3日曜日に「やかまし窯の

日」とし、昼食に手作りのピザ窯でピザをつくり、地域の食材を持ち寄って、メンバー同士やその噂を聞き集まってくるさまざまな人の交流を楽しむ。毎回20名程度は集まる。時には遠野市民や子供会、婦人団体、聴覚障害の方々、海外の視察団が訪れることもある。気のある人がいつの間にかメンバーになり、やかまし村という集まりの輪が広がっていく。

　また、里山で大人と子どもが遊べる空間がほしいと思えば、ターザンロープや釣り堀、御茶室を総出でつくってみた。立派な小屋の下で交流を楽しみたいというアイデアがでれば、キコリと建築業者のメンバーが自前で作ってしまう。

写真14-15　やかまし村の一風景（上）、やかまし村での海外との交流の様子（下）　提供：山里ネット

　そういうものができてくると、立ち上げ5周年のおまつりをやってみようとなり、行政も巻き込んで「やかましまつり」も実施した。とにかくメンバーでできることを「やかまし村らしさ」を大事に思いつくままに色々やっている。集落の結いの精神を持ちつつ、老若男女がさまざまに活躍できる場をつくれるそういう集まりをめざしている。

　いつの間にかメンバーとして混ぜてもらった筆者が遠野の魅力と感じる「この土地の根源的で潜在的な力を内在する地域住民」の力を垣間見ることができるのが里山クラブやかまし村である。

❖ やかましく静かで厳かで豊饒な村

　やかまし村のHPには「『村中を子供達が駆け回り、元気に遊び回る声に溢れた村……、年寄りも大人たちも子供たちも皆がいつも健康で活発な姿、集落全体がエネルギッシュで少しうるさい位に会話や交流が絶えないにぎやか

第二章　未来を創る人々の物語　63

な村』をイメージして里山クラブ"やかまし村"としました」とある。
　また、やかまし村の村長である菊池美千代はこういう。
　「できることを持ち寄って、地域の人が楽しむことが一番」。
　僕らは今後もそういうスタンスでやかましくやっていくのだと思う。

共に創る遠野の未来

まつだ松林堂　松田和子

　明治生まれの祖母は四季折々の節目を大切にした。質素な明け暮れの中で襟を正したメリハリのある丁寧な暮らしをした人であった。
　元旦初日の礼拝をはじめ、小正月や御厄払い、雛祭り、端午の節句、七夕、お盆、月見、収穫感謝祭そして歳取りと、年中行事にはその時々の献立を整え、江刺から嫁いだ母に指示した。私たち五人姉妹はその慣わしを受け継ぎ、伝えていく機会を同時に与えられたのである。
　なかでも雛祭りは特別で、嬉しいことや佳いことがあった年に行われる行事だった。長く厳しい冬を過ごし、やっと迎えられた春。子どもたちの成長を喜び、これからも健やかでありますようにと願う雛祭りの行事は日本独特の慣わしとして古くは平安の時代から行われてきたという。
　我が家のお雛様は祖母の母方の生家に代々伝わったものであると聞いている。訳あって他所に売り出された時、遠くに離してなるものかと買い戻したというから祖母の思い入れは相当なものだったのだろう。
　身の丈37センチほどの男雛、女雛は大ぶりでお菓子屋風情の雛飾りとしては似つかわしくないが、母も習慣を受け継ぎ娘たちや孫の節々を祝ってくれた。
　遠野の町では旧暦の3月3日頃、お雛見と称して「おひなさん、おみしぇっておぐれんせ」と言って雛を飾る旧家を見て廻る慣わしがあった。しかし明治・大正・昭和と時代が変わり、戦後の高度成長に伴いその慣わしは途切れそうになっていた。
　そんな折、娘の成人式以来しばらく飾っていなかった我が家の雛人形を、長男の嫁節句として久しぶりに飾る機会が訪れたのである。折角なので友人

写真16 松田家のお雛様の前での"語り"

知人に案内したり、観光のお客様にお見せしたところ、どの方もとても喜んでくださった。かつてのお雛見のような交流が実現する中で、これは人々の関心を集め得る事業になるのではないかと感じた。

そこで平成11年度商工会女性部創立30周年を記念した事業としてこのお雛見を復活させたものが、今年16回目を迎える「遠野町家のひなまつり」である。

全国的に商店街が衰退する傾向にある中、国の中心市街地活性化事業に遠野市がいち早く手を挙げたのがちょうどその頃だった。そして遠野商工会がその任を受け取り組むことになったため、町家のひなまつりを事業としてすぐに受け入れてもらえたことが幸いしたと思う。

商店街に人々が訪れ、もう一度かつての賑わいを創出すること、そこに住む人たちが生き甲斐を感じ笑顔あふれる交流が展開できることなど「町家の心が息づく語りの街の形成」をめざして事業がスタートしたわけである。

遠野南部氏1万2,500石の城下町であった商店街ではお殿様のもたらした

第二章 未来を創る人々の物語

町家の文化が息づき、古雛を所有する店が軒を並べている。手始めにこれらの店に雛の特別公開店となってもらうようお願いした。そして手作りのポスターやマップを揃え、平成12年3月20〜22日の3日間、10店舗がお雛様を公開し第1回目がスタートした。初年度は3,000人のお客様をお迎えし、回を重ねた昨年15回目には68ヵ所の設置所に3万人のお客様をお迎えし、おもてなしをするという大きな事業に育ったのである。

　思えばこれは先人から伝承された遠野の文化があってこそできたことなのだ。進化し便利を増す暮らしの中で、私たちは今一度自分たちの根っこの部分を見つめ、耕す必要があるのではないかと改めて感じる次第である。

　今後の遠野の定住人口・交流人口の増加に向けて考える時も、その鍵となるのは新しい何かを見つけることではなく、すでにあったけれども私たちが気付いていないものを見つけようとする姿勢のように思う。

　例えば昭和30年代まで農家と商家は今よりもっと密接な関わりを持っていた。共有する年中行事はもちろん、その年の蒔き時や収穫の具合など、商売にもつながる情報交換の場であった。こうした人と人との関わりから生まれた知恵や伝承にも、今の私たちが学ぶべきものが含まれている。

　長い歴史の中で受け継いだ文化をさらに掘り起こし取り組みを加えながら次の世代に伝えていけることは何か、生業を超え、地域を超えて皆で考えていきたいものである。

廃校の活用と遠野の伝統野菜「早池峰菜」

遠野早池峰ふるさと学校　藤井洋治

　2010年6月、遠野市に新しい学校が誕生した。旧大出小中学校が、遠野早池峰ふるさと学校として生まれ変わったのである。地元住民にとっては、子どもが3名となり廃校を受忍したとはいえ、炭を拠出してできた学校を簡単になくすわけにはいかなかった。

　遠野早池峰ふるさと学校は、農村と都市を結ぶ交流の拠点として役割を担うことになり、食堂や産直、体験活動等には地元の方々に力を発揮してもらう

ことになった。市では食堂と屋根の一部を改築したが、築60年を過ぎた校舎はそのままで学校はオープンした。

　遠野早池峰ふるさと学校は、遠野市街地から北に約26km離れた早池峰山のふもとにあり、隣には1,200年もの歴史を持つ早池峯神社がある。課題は、人が来るのかということであった。確かに開校1年目は、2,000人に満たない入場者数であった。ところが4年目の2013年には、5,500人に達したのである。東京の武蔵野市と愛知県の大府市からは、毎年家族や子どもだけでも来ていただき、宿泊し自然体験や市内の子どもたちとの交流が続いている。また、ソバ打ちやぞうり作り、陶芸体験等のほか、高校生の山岳部の大会やPTAの行事、小学校の遠足や移動教室などのほか、高齢者の休憩場所にもなっている。来られた方の希望で絵や写真の展示、演芸会や雪合戦なども恒例となった。

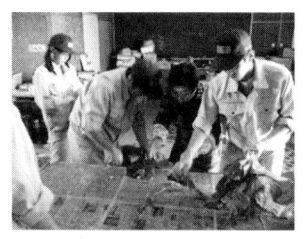

写真17 地元附馬牛の佐々木さんと漬物講習（上）
写真18 京都精華大学生・地域産直組合・緑峰高校生、合同での播種（下）

　印象深いのは、夏にゼミの学生と一緒に来られた京都の大学の先生方が、4名で厳寒期の学校に泊まられたときのことである。外国人2名の方も一緒で、マイナス20度を越える寒さや夜の闇、風の音を体感してもらったところ、『遠野物語』が良くわかったと感激していただいた。もうひとつは、若手写真家とバイオリニストの方が早池峯神社で挙式をされ、学校の講堂で結婚披露宴をされたことである。一方、予期しないことも出てきた。2011年の震災以来、原発の影響でキノコと山菜が売れなくなったのである。食堂でも、郷土料理に欠くことのできない山の幸が使えなくなった。春の山菜と秋のキノコ祭りには、校庭が車で埋まるほどの賑わいを見せていた。それが一転して、最大の売りがなくなってしまったのだった。

　しかし、ここで手をこまねいているわけにはいかず、高校生の力を借りて、伝統野菜の早池峰菜を復活してもらうことにした。早池峰菜は、遠野緑峰高校の生徒たちが9年ほど前に手に入れた種からスタートした。種の説明には、

第二章　未来を創る人々の物語　　67

遠野の早池峰山ろくの農家に伝承されていた地方野菜とある。種が発見されてから名前が付けられたという希少な伝統野菜である。これを昔から栽培されていたと推測される早池峰山ろくの一角、遠野早池峰ふるさと学校に植えてもらった。それから3度地域の方々と自家採取をして、地元の農家に届いたのは2014年だった。8月末には、遠野緑峰高校と交流のあった京都精華大学の学生も一緒に種をまき、10月には収穫して遠野みらい創りカレッジで市民の方々にも試食していただいた。この日、腕をふるい250食ほどを作ってくださったのは、ロレオールのアイアンシェフこと伊藤勝康氏である。早池峰菜は、それから新宿伊勢丹のキッチンステージでも使われ、12月にはJALのファーストクラスの機内食でも採用された。1月には、名古屋のタカシマヤでも2,000食ほど使っていただいた。今後は、遠野早池峰ふるさと学校の産直組合員や食堂部の活力商品として、若い力と古い力を早池峰菜に込めて発信したい。

夢の実現に向けて歩んだ20年
あやおり夢を咲かせる女性の会　菊池ナヨ

　綾織中の木々が満開の花を咲かせ、やがて大きな湖となり雲一つない青空と緑のじゅうたん、黄金色の稲穂が揺らぎ紅葉の山々、そして山も里も一面の銀世界に埋まる。
　平成6年低コスト化水田農業大区画圃場整備事業導入により、20年かけてできた四季折々の美しさ、のどかな一年の田園風景である。
　圃場整備と21世紀型モデル事業導入に当り、「歴史に残る大事業に悔いのない事業をしてもらいたい。圃場の中にトイレが欲しい。」と女性団体7名の長が発起人となり、各行政区3名ずつ選任し、28名で「女性の立場で物を見、考え、行政や団体に提言、要望していこう」「自分達の住む町は自分達で住み良くしていこう」と平成6年3月1日地域作り団体として「あやおり（綾織）夢を咲かせる女性の会」を発足した。
　この事業の疑問点、要望等学習会を開き行政の方々から指導を頂き、日本で初めて田んぼの中のトイレに農林水産省の予算がついた。

会長として今後この女性の会をどう進めていくか、若い時に学んだKJ法を使い、活動目標を定めることができた。

・夢を語ること：農産物に付価加価値をつける店が欲しい
・綾織らしい環境づくり：屋敷周りが整備され所得のある経営
・次世代のために：何を残し、何を伝えていけるか
・女性の生き方：悔いのない生き方がしたい

　四つの活動目標が決まった時、道の駅が綾織にできるらしいという情報を得、定例会に市役所の係の方を呼び、会の発足・目標を伝え、道の駅に自分たちの店を持たせて欲しいと要望、設計図外の所に畳5畳の店を持たせてもらうことになった。

・小さくても女性の職場として凛としたものにする
・郷土食を作り伝承していく
・地産地消——食材は地元から仕入れる

　会員みんなが良い思いをするコミュニティビジネスの始まりである。
　道の駅平成10年のオープンに向け、建物の外枠は行政が作る。調度品等は自分たちで準備することになった。

・資金の調達：1人1万〜10万円までの出資金をつのる。18名の出資
・販売する物：みんなが作り持ち寄り、その中から選び決定する
・従事する人：アンケートで募る
・5畳の店：5畳の店の動線を考え売る物を細く決める等々細やかに決め事をしながら、公事・平等に進めていった。

　農家のお母さん方の仕事にしては、順調な進み具合で売り上げも伸ばし、翌年企業組合夢咲き茶屋として法人化をした。

◎あやおりらしい環境作り
・トイレの管理、EMぼかし作り、花街道あやおり
・お盆の帰省客を迎える灯籠の設置(1行政区で取り組んだことが町全体で取り組み、1,000個位の灯籠になっている)

◎交流
・小学校:綿羊の会によるはたおり指導
・中学校:綾織人学習による郷土食の伝承、第2号食暦の発刊
・担い手グループ・他団体の交流:10年続けた北東北なべなベサミット:秋田・青森・岩手(北東北広域連携官民・学)地場産の物で地元の人が作る鍋で交流する

　母体は「あやおり夢を咲かせる女性の会」である。夢咲き茶屋がどんなに忙しく所得を上げても、女性の会の下に位置づける。
・夢咲き茶屋で所得を得、地域作りを継続する
・各人の生活が安定していないとボランティア活動は長続きしない

　女性の会を結成し15周年。企業組合夢咲き茶屋を起業し10周年。これまで並行し順調に進めてこられたのは行政・地域・家族等、皆様方からの御指導等、協力があってのこと。また食に携わり世人たちの知恵、言い伝え等あやおりの食文化を伝え残したい。女性の会の活動記念誌と、地域へ感謝を込めて「快適な田舎ぐらしあやおりの食暦」を発刊し、綾織町全戸へ配布しました。
　次世代に伝え残したいと行政と一緒になり「快適な田舎ぐらし講座」の開催。食暦に基づいて実習し、実践の場として農協跡地にお食事処「結和」を開設。そして社会福祉事業と一緒になり現在に至っております。
　平成26年、私たちの会は20周年を迎えました。20年間撮り続けたスナップ写真を基に、「あやおりに夢を咲かせた女性達の写真集」を発行。一年中20周年記念事業と銘打って楽しみました。
　これまで続けてこられたのは、300回近くに及ぶ毎月の定例会と四つの活動目標、大きなビジョンがあったからです。

私たち女性の会の取り組みは綾織町の一部にすぎませんが、遠野市各町で色々な取り組み、色々な団体が頑張っております。

　小さな町の資源・自然・歴史・文化・人々、沢山の宝を保存復活し、民話のふるさと、永遠のふるさと遠野の姿かもしれないと思います。

写真19　夢咲き茶屋の店頭風景

大槌復興米の物語によせて
遠野まごころネット代表理事　臼澤　良一

　2011年3月11日、東日本大震災で岩手県大槌町は壊滅的な被害を受けました。町の海岸沿いにある安渡地区に住んでいた菊池妙さんの自宅も津波で流されてしまいました。

　その年の秋、菊池さんは自宅跡の玄関脇に3株のススキのように痩せ細った稲が実っているのを見つけました。安渡地区にはもともと水田はなく、どこからか津波で流されてきた籾が稲穂をつけていたのです。稲は、普通、海水に浸ると枯れてしまいます。しかし、津波に遭っても立派に育っている稲穂を見て涙を流し、感動したと話しております。

　岩手県沿岸部の被災者の方々を支援する「遠野まごころネット」は、この稲の話を聞き、地元のボランティア団体とともに大槌の復興のシンボルとして育てたいと考えました。

　籾を預かった当団体では、地元の農家の指導のもと、ボランティアの協力を得て、2012年春には立派な苗へと育て、大槌湾に浮かぶひょっこりひょうたん島のモデルと言われる蓬莱島をかたどった小さな田んぼに苗を植え、秋には5.4キログラムのお米を収穫することができました。

2013年春。前年に収穫した籾を、新たに借りた広い水田に、ボランティアによる田起こしや代かきなどの準備を経て植えられました。厳しい天候が続きましたが、たくさんのボランティアやスタッフの頑張りにより美しい稲穂をつけ、9月末には大勢の人たちが集い、賑うなかで稲刈りを行うことができました。三株の稲から始まった奇蹟のお米の物語は、二年をかけて387.5キログラムもの籾として収穫し、さらに、2014年は大槌町だけでなく、遠野や大阪府富田林などの地域でも大槌復興米を育て始めました。

　喜ぶべきことに、昨年収穫したお米は、JALグループのご支援により、昨年の11月と12月の2ヵ月間、JALの国内線ファーストクラスご夕食として使用されました。このことは、菊池さんはもとより大槌町民をはじめ町内の農家の方々に、復興に向かう大きな喜びを与えてくれました。

　津波を乗り越えて芽吹いた"たった3株の小さな命"は、菊池さんをはじめ、地元の皆さんやボランティアに見守られながら、次の世代につながれています。

奇跡のお米の物語
菊池　妙

「お米さん、初めまして

貴方は何処から流れてきたのですか
よく無事で、そして塩害のなか
我が家の玄関に生き延びてくれましたね

背は低く、やせてこそおりましたが

その姿は
がれきの中に一際、凛としていましたよ

言葉にならない感動で
涙がとめどなく、こぼれ落ちました

私は、菊池妙と申します

貴方には復興米と名付けましたよ
お互い助かった命を
大切に明るく

ゆっくりゆっくりでいいのです
転んでは起き、また、転んでは起き
生きていきましょうね

秋には貴方の子孫が黄金の実をつけ
生まれますように
沢山の方たちが努力してくださっています

力強い希望の証を
授けてくださって
ありがとうございました」

（出所：遠野まごころネット）

Ⅲ 里山里地で馬と育ちあう

馬人 菊地辰徳

❖ はじめに

　私は、2014年の秋に東京から遠野に移住し、「馬人（うまひと）」という活動を仲間と協力しながら遠野の綾織町を中心に展開しています。名前から察せられる通り、馬人がめざすのは、馬と人が共存共栄するこれからの心豊かなライフスタイル、地域を実現することです。

　私は現在（2015年執筆時点）38歳。高校時代に環境問題に関心を持ち、米国の大学で環境学を専攻してから現在に至るまで、「環境問題」を中心とした「持続可能な社会づくり」をテーマに学び働いてきました。前職では主に大手企業を対象としたCSR（Corporate Social Responsibilityの略で、企業の社会に対する責任と訳される。企業経営を通じて社会や環境課題の解決をめざす活動の総称）のコンサルティング業務に従事してきました。しかし8年ほど前から持続可能な社会を企業経営の変革を通じて実現するコンサルティング業務のみならず、長年接してきた馬と共に自らの現場を持ち、新しいライフスタイルを通じて実現したいという思いが募ってきました。

　「馬」と「持続可能な社会」は一見無関係に思える二つのテーマですが、馬は持続可能な社会の実現に必要なさまざまな機能を提供してくれます。例えば、日本ではあまり例はありませんが馬糞エネルギーを給湯や暖房に活かしている国があります。馬を活かした林業や農業は、重機のように土地や風景を荒らし、化石燃料や温室効果ガスで自然を汚染する心配もありません。馬で出した木材は材木や薪として、馬糞堆肥は有機農業に大活躍します。

　また、乗馬などによる健康増進や触れ合いによるセラピー効果、人材育成など、馬は、持続可能な社会に必要な機能をさまざまな場面で提供してくれます。そして何よりも、馬のいる風景、馬と人の協働作業そのものが芸術的で美しい。私は、これらの馬の可能性を「言葉」ではなく「生き方そのものを通じて」

追求すると同時に、持続可能性と馬の両方の橋渡し役として活動していきたいと考えています。

❖ 馬人がめざす、これからの心豊かな地域社会のカタチ

　馬人は以下の三つの持続可能性を馬と人の協働作業によって達成したいと考えています。

① 地球環境の持続可能性
　・馬力エネルギー（再生可能エネルギー）の最大活用
　・生態系の保全再生
　・水資源の循環利用
　・廃棄物ゼロ
　・有害物質の削減

② 馬の持続可能性
　・林業や農業などの一次産業やホースセラピーや乗馬など馬が活きる環境の整備
　・馬の福祉の実現（飼育環境の改善）
　・飼料自給率の向上
　・ボロ（屎尿）の循環利用（堆肥やエネルギーとして）
　・敷科などの自給率の向上（地域内循環モデルの構築）

③ 人の持続可能性
　・自然環境や生き物への愛着、責任感の醸成
　・健康で活き活きとした生活の実現
　・多様性を享受できる生活のゆとり
　・祖先を敬い7世代先を思いやる生活の実現
　・美しい景観の形成

この章では、馬人がめざす三つの持続可能性の背景にある危機感と活動する上で大切にしている想いをご紹介したいと思います。

❖ 馬人の危機感、社会と環境の変化

　まず、馬人の活動の背景にある危機感についてお話しさせていただきます。
　世界規模で地球環境を捉えると、2050年には90億人を超えると予測されている地球人口の増加と新興国・途上国を中心とした消費ブームなどにより、世界規模で食糧、エネルギー、資源の消費が拡大しています。それに伴って温室効果ガスの増加や生物多様性の劣化が深刻化しています。
　そして、世界的には一人当たりの耕作面積の減少や単収の伸びの鈍化などによって、食糧需給の逼迫が懸念されています。日本に目を向けると、大切なし自然資本である山や田畑が荒れる一方でエネルギーや資源、食糧の多くを海外に依存しています。
　これらの結果として、世界的に生きるために必要な重要な基盤である自然環境が劣化しています。私は自然環境の重要性は強調してもしすぎることはないと考えています。それはグローバル展開する企業で働く人でも、遠野の1地域に住む私であっても、生き物である人間は豊かな自然環境がなければ生きていけないからです。
　国連の行った調査によると、生態系は以下の四つの生態系サービスを無償で提供してくれているということです。
　我々はこれらの生態系サービスを無償で享受し、そして依存して生きていますが、同調査により四つのサービスは人間活動により劣化していることが明ら

図表5 生態系サービス

①	栄養素の循環や光合成などの「基盤サービス」
②	食料や水、燃料などの「供給サービス」
③	大気の浄化や気候調整などの「調整サービス」
④	教育効果やレクリエーションなどの「文化的サービス」

（出典：国連『ミレニアム生態系評価』）

かになっています。人間は、日々の生活になくてはならないものを自らの手で破壊しているのです。

　日本は、世界有数の経済大国と称され、食糧自給率が40％、エネルギー自給率が5％に満たない現在は、その経済力をもって世界中から食糧やエネルギーを輸入しています。日本政府もアベノミクスを中心として経済成長を全力で進めています。しかし仮に世界的に食糧需給が逼迫したらどうなるでしょうか。食糧輸出国は自国の民のための食糧をお金にかえてまで輸出するでしょうか。そんな不安を覚えます。

　日本は資源が乏しい国、と言われますが、石油をはじめとする化石燃料や食糧を海外に依存している状態においては確かにその通りかもしれません。しかし、国内やここ遠野にある豊かな森や水資源と活かすことができれば、資源大国となるのではないでしょうか。そしてこの豊富な自然資源を最も活かすことができるのは遠野などの地方であり、その土地で育まれてきた風土や知恵ではないでしょうか。

　馬の里である遠野の固有の文化や風土を大切にして、知恵を活かし、足下の自然環境を保全再生していくこと。地域固有の資源を活かすことは地域再生の解決策の一つになり得ますし、世界規模で進む地球環境の劣化の解決にも寄与することができると考えます。

　プロジェクト実施地域である岩手県遠野地方は、かつて日本一の馬産地であり、馬と人が一つ屋根の下で暮らし、柳田國男の『遠野物語』の中でも馬の物語が多く登場するように、田畑、山林、運搬、信仰などで、馬と人の連続した関わりが深く営まれていた地域です。しかし、1950年代半ばに2,000戸あったといわれる馬農家（馬約4,000頭）は、高度経済成長により激減、現在は数えるほどしかありません。

　高齢者比率が30％を超えるなか、未来に向けて地域がより活性化していくためには、風土や文化を活かした、これからの世代の若者が生き生きと暮らすことのできる、風土に根ざした遠野ならではの新しいライフスタイルを再構築することが重要だと考えます。ライフスタイルが重要なのは、その土地の魅力は観光施設そのものではなく、生活様式（ライフスタイル）に根ざすと考えるからです。日本の来るべき高齢化社会を既に迎え、その伝統文化の継承が危ぶま

れている遠野で、風土を活かした新しい持続可能な地域モデル・ライフスタイルを示すことができれば、未来社会の希望になれるのではないかと思います。

❖ 馬人が大事にする四つの基盤

　私たちは遠野という１地域で活動を推進するにあたり、その成功の鍵として以下の四つの基盤を大切にしたいと考えています。

第一の基盤：地球環境：
最も大切な基盤です。全ての社会活動は、日本の１地方であっても、地球環境の影響を受けています。地球環境に国境は関係ありませんし、先ほどの生態系サービスもこの基盤になります。地球規模で自然環境が劣化せずに持続可能であることが全ての活動の源だと考えます。

第二の基盤：風土：
地球環境の基盤の上に、地域固有の自然環境の条件である風土が生まれます。日本と英国ではその自然環境が違うように、また国内であっても京都と遠野では植生や生き物、地理的条件など、その土地の特徴が異なりますので、遠野の風土にあった活動を推進していくことが大切だと考えています。

第三の基盤：文化・風俗
遠野ならではの風土からさまざまな文化風俗がうまれてきました。夏に馬を高原に放牧し、冬に里に戻す夏山冬里方式や馬と人が一つ屋根の下で暮らすための南部曲屋と言った建築は、遠野の風土が生んだで遠野ならではの文化と言えるかもしれません。

第四の基盤：技・知恵：
馬と生きる文化が生まれると、そこには必ず馬を活かすさまざまな技や知恵が育まれ、多種多様な道具が生み出されます。例えば、現在仲間とともに推進している、山から木材を馬で搬出する"馬搬（ばはん）"の技術は遠野の山に

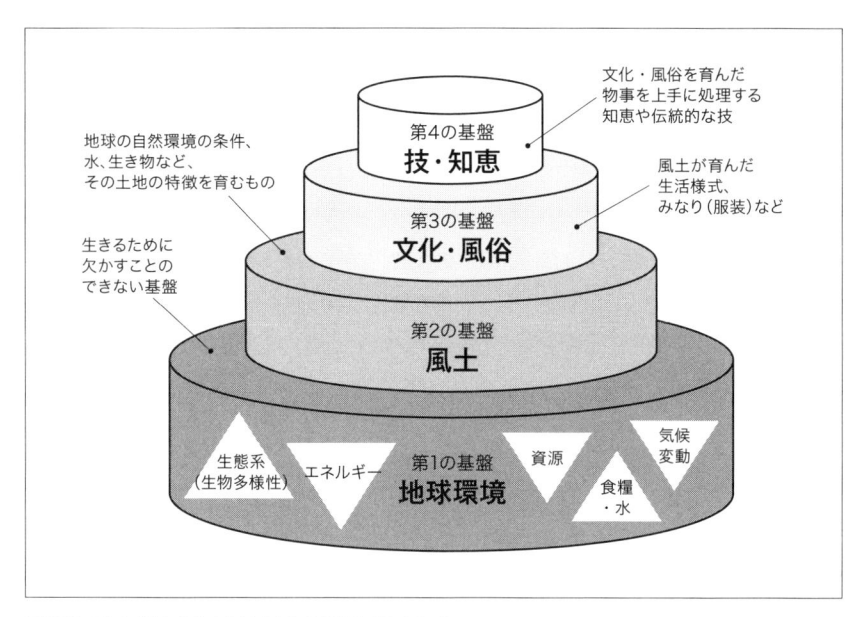

図表6 馬人が大切にする四つの基盤（モデル）

あったカタチで今でも受け継がれています。まだまだ先輩方の技術には遠く及びませんが、仲間と日々実践し学んでいきたいと考えています。

どうしても人間は目の前で起きている現象（第四の基盤）にとらわれてしまう傾向にありますが、その裏にある、文化や風土、そして地球環境とのつながりをしっかり認識して活動したいと考えています。

❖ 馬の持つ多面的な価値（機能）を地域で活かす
　── 馬人のアプローチ

馬というと、日本では競馬や乗馬をイメージされる方が多いかもしれません。しかし、馬は生活のさまざまな場面で活躍することが可能です。馬人は馬の持つ多面的な価値を地域で活かしたいと考えています。馬は人が生きるために必要なさまざまな機能を提供してくれるからです。

その一部を紹介したいと思います。

①環境整備：

　次頁の写真20は、地元の方々の協力のもと仲間と一緒に整備した放牧場に馬を放した日に撮影した写真です。笹が一面を覆っていますが、今ではこの笹は馬のお陰ですっかりなくなりました。馬は毎日体重の1～2%の飼い葉を必要とします。500キロの馬で5キロ～10キロです。馬は牛やヤギと異なり嗜好性が強い動物なので植生などで大きく異なりますが、500キロの馬が必要な草地は4反（約1,200坪）以上が理想でしょうか。逆の見方をすれば1頭で1,200坪以上の草地が管理できる、という計算になります。国内では牛を林間に放牧して山の整備と酪農を共存させている取組みがありますので、馬にも応用できるのではないでしょうか。

②農業や林業：

　写真21は直径が最大90cmある杉材を馬一頭で奥山から搬出しているものです。この幅の林道では重機は入ることができません。重機で大地を踏み固めることなく、オイル漏れや排気ガスを出すことなく、生態系に配慮した木材搬出が可能です。この馬搬の技術は日本では遠野を中心に数名が継承するのみとなっています。しかしスウェーデンでは約6,000人が、ドイツでは約4,000人が今なお現役で馬搬を続けていると言われており、ドイツでは国内で搬出される木材の3%は馬が担っているそうです。そのための道具も現在進行形で開発されています。

　国内で馬搬が衰退した主な理由はさまざまあると思います。遠野でも70代の大先輩の後を引き継ごうとしている後継者が30代です。その間の30年、技術の伝承が行われて来なかったわけですから、その空白を埋めるのは用意ではないでしょう。

　若いときから続けてきた70代の大先輩と比べたら経験や知識もまだまだです。それでも途絶えかけた昔からの技術をなんとか後世につなげることが大切だと思います。昔から学ぶ。しかし過去の延長線上に未来を描くのではなく、未来につなげるために新しいやり方も模索していくことが求められていると考えています。

　重機だからこそ担える役割、馬だからこそ担える役割があるはずです。日本

写真20 放牧場で笹を食べる馬たち

写真21 馬搬の風景

写真22 馬を活かした耕作の風景　出典：Draft Horse Connection

でももっと林業に多様なカタチが受け入れられると良いと思います。

　写真22はオランダの写真ですが、畑を馬で耕作しています。馬につける道具を取り替えれば山での木材搬出にも同じ馬が活躍できます。現場ごとに高価な重機を買いそろえなくて良いのも魅力の一つです。馬が身につけている道具もとても美しいです。

③美しい風景：

　写真23は、裏山にある早朝の放牧場で撮影した写真です。時折、息を飲み込むような美しい風景に出会えることがあります。馬のいる景色は格別です。

　24は夏の間、馬たちが一斉に放牧される荒川高原での風景です。1,400haほどもあるこの広大な高原で放牧される馬たちの姿は、日本にいることを忘れてしまうほどです。

　私は旅行を計画するとき、訪れる土地の風景を思い浮かべます。京都への旅行を想像すると京都の風景が真っ先に頭に浮かびます。遠野への旅行者は、どんな風景を思うのか。

　馬のいる風景は遠野の魅力になると考えています。

④健康な生活：

　写真25では、馬と筆者が一緒に寝ています（笑）乗馬などの運動による健康増進効果に加え、馬と共に流れるゆったりと時間に心も癒されます。馬は草食動物ですから逃げることで幸せになります。人はむしろ何かを得ることで幸せになる生き物でしょう。全く異なる特徴をもつ生き物が中間地点で出会う感覚は格別なものです。そのためには臆病な馬の性格を悪用することなく、人が馬に近づいて行く姿勢が大切だと思います。

⑤コミュニティ：

　馬がいると人が集まりコミュニケーションが生まれます。コミュニティはコミュニケートする人々が集うこと。人と人をつなげる。馬の魅力の一つです。

　また地域つくりの実例として、馬人の活動拠点である遠野市の綾織町の"馬搬の森"で、馬を活かした森つくりに取り組んでいます。その森は地域の上流

写真23 裏山にある冬の放牧場の風景

写真24 夏の放牧地（荒川高原）の風景

写真25 馬とくつろぐ一時

写真26 馬とのふれ合い

写真27 乗馬の様子

に位置し、地域の水源でもあります。現在仲間とともにその馬搬材を活かした厩舎をセルフビルドしています。

山で切った木を馬で搬出し、地元の製材所で加工。地元の工務店で木材を加工して、皆でセルフビルド。その厩舎には将来山に入る馬たちが入る。

地域にない資源を外に求める前に地域の中にある資源の活かし方を見つめ直してみる。

そんな視点がこれからのコミュニティのあり方にとって重要になると考えています。

⑥文化芸能、スポーツ、人材育成：

乗馬や馬術をはじめとしたスポーツ、ちゃぐちゃぐ馬コや遠野南部流鏑馬などの文化芸能、生き物に対する責任感の醸成といった人材育成など、馬はさまざまな場面で人の営みを豊かにしてくれています。

馬の可能性はそのほかにもあります。例えば繊維質の多い馬糞は乾燥させれば燃料として活かすことができます。海外ではそのための専用ボイラーのメーカーがありますし、村の給湯と暖房を馬糞だけでまかなっている地域もあります。また、焼却した灰は肥料としても活かすことが可能です。

❖ まとめ

いかがでしょうか。馬がこれからの社会づくりの一端を担える可能性を感じていただけたでしょうか。これらの活動を通じて思いつくだけでもさまざまな活動が生み出される可能性があります。

◎活動が生み出す価値
・生産価値：木材の搬出、農産物の生産
・環境価値：森林などの再生、食料・エネルギー自給率の向上
・教育価値：農林業や生き物との関わり合いによる人材育成
・交流価値：都市と山村を結ぶ、生産者と消費者を結ぶ、人と人をつなげる
・健康価値：土とのふれ合い、農作業、ホースセラピー等で心身の健康を増進

図表7
馬人のイメージデザイン

馬人　Living with Horses, 2050

・景観価値：森林再生、馬のいる美しい風景
・文化価値：地域の歴史・風土に根ざした活動による文化継承

　馬人のゴールは、馬と人が共存共栄するための活動を通じて自然環境と地域社会の持続可能性を実現することですが、実現には1年や2年ではなく、もっと長い期間が必要だと考えています。また、里山や里地をつくる取組みは我々背世代で終わるものであってはいけません。次のまたその次の世代も継続できる営みである必要があります。1年や5年ではなく、50年、100年続く取組みを推進することが重要でしょう。馬人のロゴに"Living with Horses 2050"とあるのは、長期的な視野を大事にしたいという想いが込められています。

　遠野の人口は3万人を下回り、高齢化も進んでいます。遠野を活性化していくためには遠野以外の地域との交流人口の増加が鍵となっていますが、論語に、子曰く、『近きもの悦び、遠き者来る。』とあるように、まずは遠野に住む私たちが地域の文化を守り、大切にし、心豊かなライフスタイルを築いて行けば、自然に遠野の外から人がやってくるのではないでしょうか。

　今できているかできていないか、ではなく、理想の未来像に向かって活動していくことが重要だと考えています。地域つくりには完成形はないと思います。完成形に向けた永々のプロセスそのものにこそ豊かな地域社会が築かれるのだと思います。

　2050年に90億人を超えると言われる地球人口。それまでに、地球一個分で生きることのできる、豊かなライフスタイルを馬と共に築いていきたいと考えています。

注及び参考文献：

*1　遠野では、よき伝統を継承し今に生かす人々を"守り人（まぶりっと）"と呼んでいる。ここでは、民泊を受け入れてくださる方々を広義の"守人＝まぶりっと"と呼んでいる。

第三章
遠野スタイル "超高齢者いきいき物語"

超高齢社会幸福度研究者　市民大学院　冨澤公子

❖ はじめに——老いに注視する

　地域固有の文化資本を考える上で、その地域で暮らす人々もまた、地域の文化資本の重要な構成要素である。特に、さまざまな風雪に耐えその地で年月を重ねて、地域の発展を支えてきた長寿者たちの経験や叡智に光を当てるとき、彼ら／彼女らの老いの姿はそれぞれの身体に体化された無形財産として、地域の文化資本として位置付けることができるのだ。この事実が持つ意味は大きいのではないだろうか。

　しかしながら、長寿の時代の到来に関わらず、今日の老いに対する評価は甚だ低い。老い＝心身機能の低下＝要介護＝社会保障費の増大というネガティブな理解が主流である。年を重ねながら物事への洞察を深め人間発達をし続ける老いの動的な側面や、経験に裏付けられた賢明な判断、知恵などの潜在能力の高さには注視されていない現状がある。

　特に、高齢期の長期化のなかで大多数の人が到達することになった85歳以上の超高齢期は、心身機能の脆弱化が著しくなる本格的な高齢期の時期として、長寿ゆえのジレンマが表出する時期と捉えられている[*1]。

　近代科学の恩恵を受けサクセスフル・エイジング（幸せな老い）を謳歌している若い高齢者（young-old）と比して、超高齢者（oldest-old）は悲観的にさえとらえられている[*2]。

　しかし老いは一様に衰退・低下でなく、自立し現役で活躍する百寿者（centenarian）の姿も多くみられる。

　この章の現代遠野物語では、従来の通説では無視されてきた超高齢者の老いることで獲得される経験や叡智に光りを当てつつ、21世紀の今を生きる

遠野の超高齢者の語りに注視し、彼ら／彼女らの生きいき物語を紡いでいくなかから、長寿時代の新たな遠野スタイルに注目していきたい。

❖ 遠野に注目する

　遠野市は、人口2万9,150人（男性1万4,052人、女性1万5,098人）。65歳以上の人口は1万359人で、高齢化率35.5％である。100歳以上の人口は22人。長寿地域の目安である百寿者率（人口10万人当たりの100歳以上の割合）では、遠野市は75.47人である。岩手県の平均の51.51人を大きく上回り、全国平均46.21人の約1.5と高い長寿の地域である。

　また、85歳以上の独り暮らしの状況では、2014年度で、29.1％（1884人中548人）で、全国平均11.7％と比べると、全国平均を上回って独り暮らしが多い状況にある。加えて女性が一生の間に産む合計特殊出生率は、全国平均の1.43人であるが、遠野は1.91人と高い。これらの数字からは、遠野は安心して長生きでき、安心して子どもを産める環境にあることがよみとれるのではないだろうか。

❖ この物語の主人公たち

　さて、この物語に登場する超高齢者は、柳田國男の『遠野物語』（p15）に出てくる遠野郷1町10村のうち、土淵、附馬牛、松崎、上郷、小友、宮守、達曾部の旧7村に在住する自宅居住の超高齢者10人で、調査の枠組みは、実施期間として、2014年11月19日〜23日の5日間に実施した。実施方法は、訪問ならびにインタビュー調査（自宅8人、デイサービスセンター2人）であった。

調査内容は、インタビューガイドに基づいて対話の中から、質問紙にある「社会関連指標」、筆者の尺度による「老年的超越」についてであった。

　分析方法は、超高齢者の日々の営みの語りをテープおこしし、データに密着した分析から理論を作り出すM-GTA（修正版グラウンデッド・セオリー・アプローチ：木下康仁『グラウンデッド・セオリー・アプローチの実践』弘文社、2003）

を用いた。倫理的配慮としては、筆者が属していた立命館大学の研究倫理審査委員会の承認を得たうえで実施した。年齢は86歳から99歳、平均は89.3歳である。性別は男性4人、女性6人で、うち一人暮らしは8人と独居率が高く、その背景には介護認定外5人、要支援4人、要介護1人と自立度の高い人たちである。日々の生活も自立しており、健康状況は、薬をまったく服用していない人が3人、薬は服用しながらも主観的健康観は高く、全員が「健康」と評価している状況にあった（図表8）。

❖ 物語のはじめに ── 全体の傾向は

　遠野の超高齢者の生活適応の状況や社会とのつながりの状況について、量的調査の回答から分析すると、次のことが明らかにされた。

満足感の高い生活
　心理的適応の側面として、暮らし向きについては、「非常に満足」（4人）、「満足」（6人）と全員が満足と評価し、生活満足では「非常に満足」（2人）、「まあ満足」（8人）と全員が高い満足度を示している。人生の満足度では、10点満点中「10点」が4人、「9点」が2人、
「8点」が1人と、かなり高い点数を回答している。地域への愛着度は、「10点」が3人、「8点」が5人と高い点数を回答している。これらの高い評価の回答状況から、心理的側面では満足度に包まれた生活を送っていることが判明した。

社会とのつながり
　超高齢期は心身機能の低下とともに、友人や外出機会が減少し、社会的つながりが弱くなる時期となる。そこで、妥当性・信頼性の高い指標とされる社会関連性指標（安梅勅江らは、社会関連性の得点と生命予後の関連を指摘している）を用いて、遠野の超高齢者の社会とのつながりを見てみた。その結果は図表9のとおりである。
　他の調査に比べ、社会関連指標全体の得点は男女ともに全体に高いと状

況が明らかにされた。特に、新聞、本、趣味などを問う「社会への関心」領域の得点が高く、役割や近所とのつながりを問う「身近な社会参加」領域も得点が高く、この傾向は男女ともに見られた。量的調査から示された遠野の超高齢者の日常は、心理的な満足感とともに、地域との社会的つながりも強い実態にあることが伺えた。

　量的調査から明らかにされた遠野の超高齢者の高い生活満足感、幸福感、愛着度、社会とのつながりの要因が、語りからどのように明らかにされるのか、10人の語りのデータを質的分析法の一つであるM-GTA（修正版グラウンデッ

図表8　主人公の基本属性

No.	対象	性別	年齢(歳)	現在の活動(元職業)	趣味	家族構成	介護状況	通院	主観的健康度	居住
1	SS	女性	88	自家用野菜(農業、養蚕、牛)	裁縫	1	要支援1	月に2回	日による	結婚
2	KT	男性	89	老人クラブ(会社員)	カラオケ	1	なし	3月に1回	健康	退職
3	KF	女性	99	デイサービス週1回(農業・孫子守)	縫い	3	要介護2	週1	1日1日大変	結婚
4	SR	男性	90	1年前まで神職会社員、たばこ	本	1	要支援2	週1	健康	退職後
5	TY	男性	87	老人クラブ・庭・花(勤め人・農業)	カラオケ	1	なし	なし	健康	生まれて
6	TK	女性	90	自家用野菜・花農業	裁縫	1	なし	なし	健康な方	結婚
7	KS	女性	88	畑・庭(自営53年)	裁縫	1	要支援1	週1	非常に健康	結婚後店と往復
8	TS	男性	86	田んぼ(勤め人・農業・牛)	庭木	1	なし	1月に1回	まあ健康	結婚後
9	SE	女性	88	自家用野菜(炭焼き・畑)	裁縫	1	要支援2	週1	まあ健康	結婚後
10	KH	女性	88	農業、山の手伝い	裁縫	2	なし	なし	非常に健康	結婚後

図表9　社会関連指標各領域得点性別平均

項目	生活の主体性4点満点	社会への関心5点満点	他者とのかかわり3点満点	身近な社会参加4点満点	生活の安心感2点満点	社会関連指標全体
男性	4点 (4.0)	4.3 (2.1)	2.5 (2.4)	4.0 (3.3)	2.0 (2.0)	16.8 (13.9)
女性	4点 (3.3)	3.8 (1.4)	3.0 (2.5)	3.7 (2.1)	2.0 (1.7)	16.5 (11.0)

(　)の数値は85歳からの調査結果。安梅勅江:『エイジングのケア科学』川島書店 (2000).

ド・セオリー・アプローチ）の方法により分析した。その結果は図表9のとおりである。

❖ 遠野、超高齢者の長寿と幸福感の基底にあるものは

　結果は次頁全体図のとおりで、一人ひとりの語りの文脈に密着し概念を作りだし、概念をカテゴリー化し比較分析する中から、四つの次元、44の概念、10のカテゴリーにまとめられた。
　中心層の日々の営みの次元には「今が一番」という満足感を示すコア概念が生成された。
　その形成の基盤には、遠野の厳しい自然や歴史環境ゆえの人格形成、心の安寧を形成させる伝統的遠野のコミュニティ特性の次元、そこから日々の営みを成り立たせている次元、そして、それらが精神世界の次元につながるという、4層の構造の形成が明らかにされた（図表8）。
　つまり、遠野の超高齢者の長寿と幸福感を形成しているものは、「今が一番」という気持ちであり、その気持ちを成り立たせているものにみんなのおかげという満足感や幸福感がある。加えて、たくさんの絆やつながりに支えられた環境の中で、身体機能の低下を感じながらも、前向きに生きる努力とポジティブな人生哲学を持って超高齢期に適応している。
　そのような人格が形成された基盤には、過酷な自然や歴史、社会制度から学んだ人生を生きる術があり、過酷な自然と対峙しながら生を全うするための祭り、民俗芸能や祭の興隆は、それらが幸福感を醸成する地域のコミュニティ特性として長寿と幸福感に寄与している。
　同時に超高齢者の精神世界には、過酷な過去への恨みや苦労を乗り超えて到達した自我の超越があり、物やお金、そして不自由になった身体も客観視しあきらめる執着からの超越がある。そして、亡くなった人との会話や共にある感覚で生の境界を超えていく宇宙的超越の次元に到達している。老年的超越の形成は、超高齢期を適応していくうえで重要な課題でもある[*3]。
　特に遠野の超高齢者は亡くなった人を身近に感じており、うれしいことのたびに仏様に報告し喜びを共にし、頂き物のたびに仏様にお供えするなど、亡く

精神世界

老年的超越
㊷宇宙的超越：亡くなった人はいつも身近にいる
㊸自我超越：年寄りたちのおかげ
㊹執着の超越：お金や身体の故障にこだわらない

日々の営み

みんなのおかげ
①今が一番
②今の暮らしに満足
③人生評価も高まって
④苦労が幸福につながって

前向きな自律心
⑪自律した生活
⑫新聞・テレビは自律に必要
⑬今のところはできる
⑭身体と対話した生活
⑮超高齢期を生きる叡智
⑯迷惑かけたくない

今が一番

長生きへの関心
㉑長生きはたくさん
㉒長寿はなんでも食べること
㉓毎日楽しみごとがある
㉔田畑で働く楽しみ
㉕手仕事の楽しみ
㉖孫とつながってる

ポジティブな人生哲学
⑰辛いことも生きた証拠
⑱社会に役に立つこともある
⑲「生かされている感」ない
⑳苦労したから何でもできる

絆に支えられて
⑤本家とのつながり
⑥近所とのつながり
⑦友達とのつながり
⑧子どもとのつながり
⑨仏様とのつながり
⑩病院・デイとのつながり

死を覚悟した世界観
㉗不自由なこととの対話
㉘死の覚悟と準備

遠野のコミュニティ特性

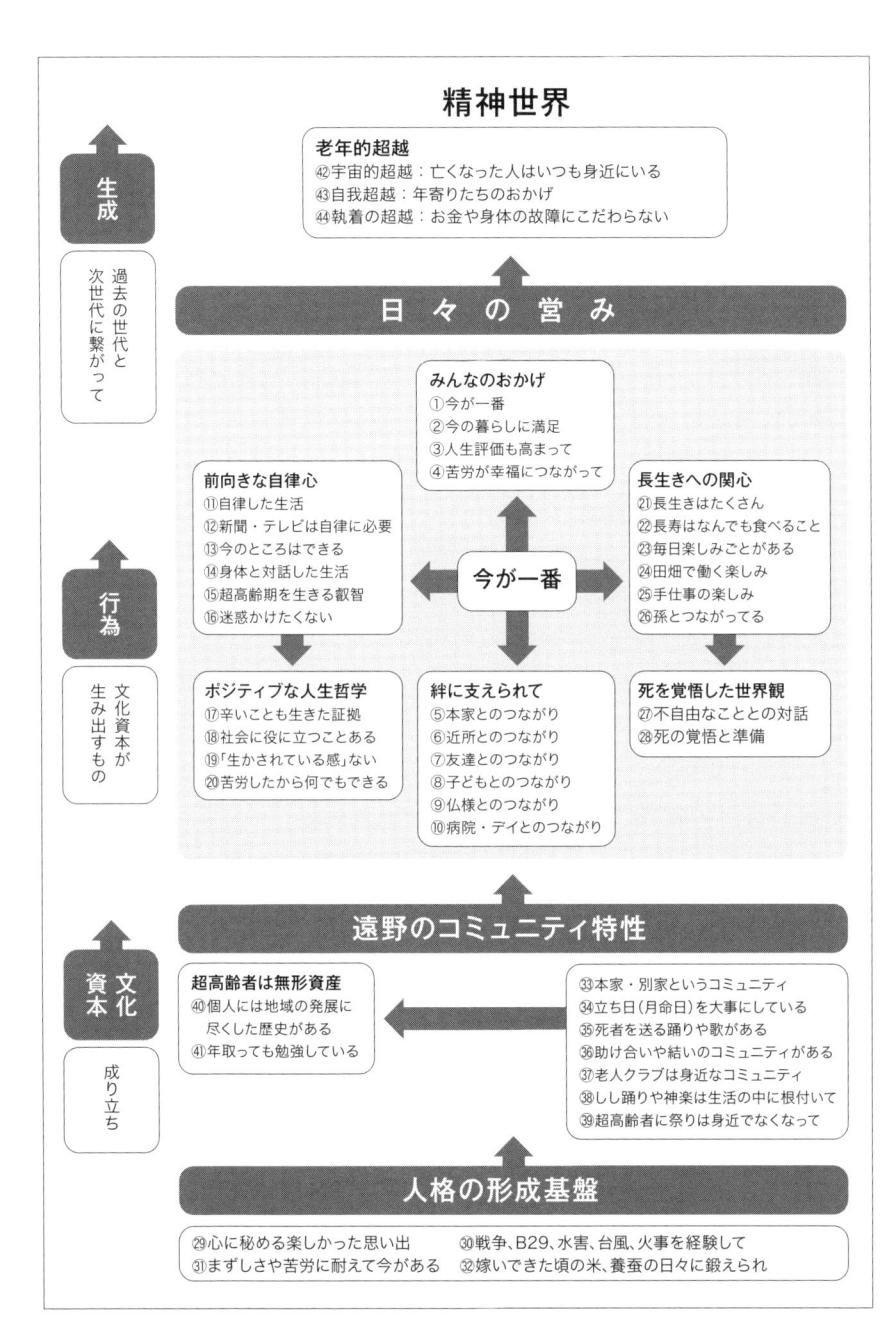

超高齢者は無形資産
㊵個人には地域の発展に尽くした歴史がある
㊶年取っても勉強している

㉝本家・別家というコミュニティ
㉞立ち日(月命日)を大事にしている
㉟死者を送る踊りや歌がある
㊱助け合いや結いのコミュニティがある
㊲老人クラブは身近なコミュニティ
㊳しし踊りや神楽は生活の中に根付いて
㊴超高齢者に祭りは身近でなくなって

人格の形成基盤

㉙心に秘める楽しかった思い出
㉚戦争、B29、水害、台風、火事を経験して
㉛まずしさや苦労に耐えて今がある
㉜嫁いできた頃の米、養蚕の日々に鍛えられ

左側の縦軸：
- 生成：過去の世代と次世代に繋がって
- 行為：文化資本が生み出すもの
- 文化資本：成り立ち

図表10 遠野の超高齢者の精神世界図

なった人との対話を大切にしている。朝晩だけでなく日に何度も仏壇に向かってお祈りする。加えて、お墓参りも頻繁で、命日だけでなく月命日（立ち日）にもお墓参りする。そこは、旧知と出会い、お互いの無事を確認する喜びの場にもなっている。

❖ 遠野の超高齢者の語りの特徴

　語りから見えてきた遠野の特徴をみていくと、長生きへの関心では、「長生きはたくさん」という方と、「100歳」と宣言する方に分かれる。「今が一番」で、これ以上長生きして子どもに迷惑をかけたくない。最後まで自律した生き方をして終わりたいという気持ちが強くある。「長生きはたくさん」は消極的発言でなく、底に流れる生への姿勢は100歳をめざす人と同じものであると理解できる。なお、100歳をめざす人には友達が多いという共通点があった。もちろん友達は超高齢者から見れば若い60代、70代、80代の人たちである。
　長寿者の多い地域の長寿要因として、地域のコミュニティ特性と関連することが筆者らの奄美の研究から明らかにされている（冨澤公子・Masami Takahashi. (2014).「関係性と幸福のパラドックス：奄美群島における幸福と長寿についての考察」『日本心理学会第78回大会発表論文集』p104）。遠野のコミュニティ特性として考えられるのは、さみしさを感じないつながりのある環境がある。
　それは、日々の営みの中での絆の多さである。超高齢者の語りから六つの絆、つながりが確認できた。特に本家と別家の関係は、若い頃は本家でのさまざまな辛い仕事や人間関係に苦労したものの、超高齢期の今はその頃の年寄りはいなくなり、夫も子どもいない一人暮らしのなかで、自由にゆったり暮らしている。そして、何かあるときに頼れるのは近くにある本家のであり、これは、心強い存在である。
　二つめに、仏様とのつながりである。日常的に亡くなった人との交流がある。うれしいことの報告、もらいものの報告など、頻繁に対話している。このことは、さみしさや死に対する思いを緩和させ、安心して生を全うする役割を担っている。

また、遠野の特徴は、神楽、鹿子踊り、さんさ踊りなど、民俗芸能が今も引き継がれていることである。祭りの時だけでなく結婚式のめでたい場所などでも披露され、日常生活に根付いている。小友の長野集落では、亡くなった人を丁寧に送る儀式が書き物として引き継がれ、やり方の順番も事細かく書かれているのを見ることができた。この集落では、80歳以上の方が亡くなった時の歌が今でも歌われているという。
　菊池照雄（『遠野物語を行く』講談社、1992、p165）は、遠野の人たちの民俗芸能への異常な関心と執着は、その根が貧困と凶作が重くのしかかる地域であればこそ、と解説している。
そのような地域でこそ、長寿で生を全うすることは地域の誇りでもあったのではないだろうか。
　遠野の長寿者たちは地域の希望として長生きをしてきたであろう。遠野では、それは個人の経験を超えた先天的な構造領域としてユングのいう集合的無意識がベースにあって、超高齢者の自律の気質が相まって形成されているようにも思える。

❖ まとめ、そして、これから

　遠野の超高齢者は、高い幸福感、満足感のなかで、「今が一番」の気持ちという満足感のある気持ちを持って日々を暮らしている。その背景には、さみしさを感じない、地域のコミュニティ環境がある。さまざまな関係性・絆に囲まれながら、超高齢者自らも自律し前向きの生き方をし、ポジティな人生哲学を持って脆弱が進行する身体と向き合いながら、日々暮らしている。
加えて、幸福感を支えている要因に遠野の伝統文化や民俗芸能、習慣・信仰などのコミュニティ特性がある。コミュニティ特性はこれまでの長寿研究ではあまり注視されていないが、遠野の超高齢者の語りからは長寿に大きく関連していることが明らかとなった。
　一方で、幸福感に関し、近年の幸福研究の高まりのなかで、これまでのGDP（国内総生産）の経済指標から生活の質（QOL）を測る新たな指標の検討が始まっている。指標化試案の発表（内閣府幸福度に関する研究会［2011］

「幸福度に関する研究会報告（案）の概要：幸福度指標試案」[*4]では、「経済的」「身体的健康」に加え、「関係性」の三つの柱と持続可能性の指標が検討されている。

「関係性」の視点からは、配偶者や家族など近しい人と良好な関係を持てていることは人の持つ免疫力・抵抗力を高め、心理的及び身体的健康（well-being）を向上させる。しかし、反対に、人との絆が弱い人々は死亡率が高いことという結果がある。

また、いざという時に頼れる人がいると回答者した割合の高い国が人生満足度の平均が高いことが明らかにされ、対人関係は幸せの鍵を握っていることが示唆されている。

文化とストレスの関連では昔からの習俗や儀式では、親しい人を失った遺族の悲哀を周囲が支え協力する集団行動である点に注目し、文化は互恵的装置として機能することを明らかにされている。

このように、「関係性」の視点は、超高齢期の幸福感に寄与する要因として注目することが重要ではないかと考えられる。

ここでは、地域コミュニティにおける人と人との"つながり"を、関係性として評価するだけでなく、さらに、一歩を進めて、超高齢者のもつ、"まごころ"、"智慧"、"手わざ""身に着いた習慣や伝統"を"つながり"を支える「貴重な財」として把握し、地域コミュニティの共通の資産として高く評価してゆきたい。

学術の世界では、文化経済学の視点からスロスビーやラスキンは文化資本を、地域の習慣や伝統が「人に体化されたもの」と位置付けている。地域という場は、一方でこれまでの文化が継承され、同時に次世代への受け渡しができる場である。遠野には豊かなコミュニティの場があり、結いと呼ばれる人間関係がある。歴史を紡いできた超高齢者が、それらを次の世代に引き継ぐための基盤が遠野にはあることを物語っているのではないだろうか。

❖ 最後に

　百歳の詩人、柴田トヨさんに、「先生に」という題の作品がある。

私をおばあちゃんと呼ばないで
「今日は何曜日」／「9＋9は幾つ？」／ そんな バカな質問はしないでほしい／「柴田さん ／ 西条八十の詩は ／ 好きですか？ ／ 小泉内閣を ／ どう思いますか？」／ こんな質問なら ／ うれしいわ

　柴田さんは専門家さえ、高齢者＝衰退した人というまなざしに抗議している。まさしく、遠野の超高齢者の語りには、柴田トヨさんと同じ思いを感じる（柴田トヨ『くじけないで』飛鳥新社、2010年、pp.30-31）。
　年を重ねても、超高齢者は他の世代と変わりなく今の時代に関心をもって生きている。新聞を丁寧に読み、目に自信のある人は本を読み、国会中継やニュースなどから積極的に世の中の動向を知りたいと思っている。たとえ、知りえた情報を現役時代のように仕事に生かすことはできなくても、他の世代と同様に社会につながって今を生きる確信として情報は必要である。それは自律して生きるための術でもある。もし、語りの場が与えられれば、彼ら／彼女らは喜んで、ゆっくりと語り始めてくれるでしょう。
　遠野の超高齢者たちは、過酷な歴史や厳しい環境を生き抜き、そして今、自由という安堵を得ながらも、自らの虚弱化する恐れのある身体と対話しながら自律の道を選び、人間としての尊厳を自ら保ち続ける努力をしつつ健康長寿である。
　彼ら／彼女らの到達している精神的次元にある叡智は、人に体化された遠野の誇るべき無形財産ではないだろうか。加えて遠野には、その彼ら／彼女らが超高齢期を自由に謳歌できるように必要とされるところを支えている子どもたちの姿がある。そして、遠野の伝統文化に裏付けられた安心システムが機能している。隣近所との交流は助け合いの結の機能が失われていないことを物語っているし、それらは超高齢者にとって何よりのプレゼントであり、生きる力となっている。

平均寿命が100歳を超える日も夢ではない時代に突入している今、健康長寿を実現するうえで、生き抜く努力と地域コミュニティの支えは欠くことはできない。この事実を遠野の超高齢者の実践が物語っている。

　遠野が日本人のこころのふるさとであるのと同様に、そこに暮らす超高齢者にとっても、遠野は心地よい故郷である。そして、遠野の超高齢者は人生哲学をもった語り部として、若い世代の人たちに、長寿の時代の生き方を語る"ふるさとづくり"を日々、営んでおられるのである。心からの敬意を感じた遠野での研究であった。

　遠野の言葉さえ十分には理解できない私を、地域や富士ゼロックスの各位は温かく、支えてくださった。このような尊いお気持ちがなければ、「健康長寿の遠野」を発見することはできなかったと思う。心から御礼を申し上げたい。

注及び参考文献：

*1 Baltes, P. B. & Smith, J., "New frontiers in the future of aging: From successful aging of the young old to the dilemmas of the fourth age". Gerontology, No.49 (2002). pp.123-135.
*2 Baltes, P. B. & Smith, J.,「均衡のなせる技としての老い（老化）：進歩と尊厳のはざまで」『老いの探求：マックス・プランク協会レポート』ペータ・グレース（編）新井誠監訳、日本評論社（2009）pp.1-20.
*3 Erikson, E. H., Erikson, J. M.（1997）, The Life Cycle completed: A Review. Expanded edition. 村瀬孝雄・近藤邦夫（訳）『ライフサイクル、その完結（増補版）』みすず書房、2001年、151-165ページ。
*4 www5.cao.go.jp/keizai2/koufukudo/shiryou/4shiryou/2.pdf

第四章
蒼き山脈(やまなみ)が育む文化と伝統

遠野みらい創りカレッジ　総合プロデューサー　樋口邦史

❖ 過酷な遠野の自然

　昭和29年12月1日、遠野、綾織、小友、附馬牛、松崎、土淵、青笹及び上郷の一町七ヶ村が合併して発足した遠野市は、内陸部の花巻市と沿岸部の釜石市とのほぼ中間で、周囲は遠野三山（早池峰山、六角牛山、石上山）に囲まれ、岩手県の中央部よりやや東南に位置している。市内の標高は平均すると約300メートル、薬師岳に源を発する猿ヶ石川や早瀬川などに沿って耕地が開けた、山脈（やまなみ）に囲まれた高原型盆地である。それら高い山からは寒風が吹き下ろし、海岸の暖気が遮られるために、年中気温の差が甚だしい。

　従って、冬は極端に寒く、1月、2月の気温は零下10度以下になることもしばしばである。農家では春遅くまで積雪と晩霜に、秋は早い初霜に悩まされ、天候異常に古来大きな被害を受けてきた。農作技術の未開な昔は、晩早冷、霖雨、大雨、日照不足の連続で、飢饉・凶作を繰り返して、遠野郷の農業史は、凶作史といえるほどであった。

　この盆地は古代には湖であったと言い伝えられている。遠野市内には俗に"七内八崎"といわれ、水内、栃内、西内、来内、瀬内、馬木の内、佐比内の七内。須崎、柏崎、山崎、野崎、矢崎、松崎、鶯崎、鵜崎の八崎などが地名として残り、湖があったことを連想させる[*1]。

　このような自然環境に対応した産業創造は、おそらく容易ではなかったであろう。市民大学院の池上先生の二宮尊徳研究によれば、こうした産業創造の思想と実践の特徴は、「荒廃した地域に"仕事を起こし、心を耕し"て、社会的差別を超え、自然の力を人の創意工夫と努力によって生かす」ことで、遠野

の産んだ先覚者である山奈宗眞（1847-1909）は、過酷な自然環境下の遠野の地で、社会的な地位や境遇を超えて、産業を創造し、人々の心を耕していったのである[*2]。

❖ 産業をつなぐ先覚者「山奈宗眞」

　山奈宗眞は、弘化4（1847）年1月1日、奥寺長右衛門捷之（かつゆき）の長男として、東町（現在の東館町）の武家屋敷で生まれた。父捷之は12石取の御勝手役（現在の財政担当）の徒侍であった。宗眞は、父から「其方の如き不学の者は、常に産業に従事せよ。事変に応じ、忠義は忘るべからず」。と教えられて育った。その頃の藩財政は窮乏を極め、凶作や災害で一揆が頻発していた。さらに、ロシア軍艦の来航へ備える海外防備のための費用などで、多くの支出を余儀なくされていた。捷之は、こうした困窮の中で財政を立て直すには、農民を苦しめる租税に頼るのではなく、産業を起こし、特に牧畜や養蚕を盛んにすることを奨励していた。

　そうした父の考え方を二十歳で受け継ぐことになった宗眞の偉大さは、その独創大胆な企画と果敢な実行力にあり、遠野人の知識・文化・教育に与えた影響は計り知れない。加えて、宗眞は産業の発展に顕著に寄与したばかりでなく、精神文化の啓発を促す教育改革（年齢別教授法）、自由民権運動など、遠野人の精神的なリーダーとして、まさに先覚的な働きを示すことになった。

　その自由民権運動では、研究結社として「開進社」を設立し、鍋倉神社の麓に集会所を設け、町民主体の社会活動の場作りを実践している。当時県内でこのような集会所を設けていたのは、盛岡の杜陵館だけであったことから、宗眞がいかに高遠かつ独創の識見の持ち主であったが推察される。明治維新後、藩校「信成堂」が廃校になると、直ちに寺子屋だった横田小学校の一室に「信成書籍館」を設け、藩校で使用されていた教科書の版木を一般公開し、遠野の人々に閲覧させている。これは、全国初の私設図書館として、文部省統計にも記載されている。

　産業の発展に関しては、最も顕著な足跡を残したと言ってよいであろう。産業には資本や労働に関する考え方が基本とされる。結婚に際して領主から父

捷之に対して牡馬を与えられたが、これを牝馬に代えて宗眞に与えた。宗眞は、成人になった我が子に父が「産業に従事する」ことを、身をもって教授してくれたと考えた。つまり、馬一頭の資本を増やすという考え方である。近代産業は、資本と労働、そして動力を最小単位とするならば、馬を農家に預け出産馬の取り分けを行うことは即ち建馬 ──（馬を育て事業化すること）である。宗眞は畜産業に生涯を捧げるが、この建馬は彼の考える畜産の最初であった。明治9（1876）年開牧した立丸牧場に、ある時県令が視察に来る。その時、宗眞は留守にしていたが、後日県令を訪れると県令が「資本の額はどの程度であるか？」と尋ねると、宗眞は「家族和順同盟一致を以て資本とす」と答え「和順一致を以て労働する時は数萬の金に優るべし」と答えた。県令は大いに賛嘆し、属吏に命じて良牛15頭を貸与したという[*3]。宗眞はこれを立丸牧場で養うこととした。

　また、明治11（1878）年、遠野に農業試験場を設け、田畑六反二畝歩に、葡萄、桑、梨、藍、落花生、煙草、人参等の苗を試植した。実に製糖もホップ生産も試みている。そして今では遠野市は、全国随一のホップ生産地となっている。

　尊徳は、公共事業において、農業基盤の整備とともに、心の拠りどころとしての神社や仏閣の再生を重視し、また、商業の胴元なり、ネットワークを構築した。彼らは、広域経済圏を持ち、凶作地帯へ米を供給しうる力量を持っていた。

　宗眞も心の拠り所として、また、尊王への強い思いから、西国巡回の旅では湊川神社、顕家郷神社造営に関係した。後年、護良親王や長慶天皇の事蹟を追求し、伊勢神宮の地方委員にもなっている。その結果明治14（1881）年彼は主唱者となり、発起人総代15名と196名の賛同者を得て、県令に対して鍋倉神社創建の請願書を提出し、翌年許可された。鍋倉神社は昭和15年南部神社と改められた。尊徳同様に、神社や仏閣の再生を重視し、商業の胴元なり、地域のネットワークを構築したのである。

❖ 山河に眠る金山、鉱山

　東北ではかつて沢山の金が採掘された。万葉集で、大伴家持が詠んだ歌がそれを示している。
　「天皇の（すめろきの）御代栄えむと東（あずま）なる陸奥山（みちのくやま）に金花（くがねばな）咲く」
　岩手でも金が産出されており、釜石近辺では遠野、大槌、陸前高田などで産出され、河川での砂金採りもかつては行われていたようだ。遠野では南北朝時代の阿曽沼氏の支配下で小友地区での金の採掘が主に菊池一族の手で行われはじめたようだ。遠野は北上山地の金山地帯の十字路に当たり、鉱山師たちの移動の回廊にあった。鉱山は採掘して10年から20年位で寿命が尽きると、鉱山師や堀子の家族は一斉に移動をした。鉱山従事者は、封建社会では特例である移動の自由が与えられていて、徳川家が制定した「山例五十三条」では、当時の山師たちは「権現様御定」として、巻物を持ち歩いたという。「山の民（山窩―さんか）」と呼ばれる狩猟を中心にした非定住の民とも交流し、山間を移動して生活をしていたことから、芸能などにも通じ移動した地域に伝承したと言われている。また、金山がある土地に似たような地名や伝説が伝わっているのは、このような山師と山の民の交流の名残ではないかと考えられている。
　また、遠野は伊達藩と南部藩の金山地帯の接点にあたるため、採掘権を巡って紛争が絶えなかった地でもある。その後、藩境のいざこざをなくすために、寛永18（1636）年に、盛岡・遠野・仙台・人首（ひとかべ）・江刺の役人が立会の上で、藩境塚が築かれることになり、現在でも山中に残されているという。その中でも現在の遠野市小友町は、金山繁盛の時に、他領地からも大勢の人々が働きに集まり、それを目当てに、餅、酒、煙草、履物などを商うものが仮小屋を立てて商売をしていた。しかし、その後閉山になると、そのまま町屋になったとある[*4]。
　大槌には金沢地区のそのものずばりの金山があり、金鉱の精錬場跡と言われる金山平がある。大切坑跡と言われるところなどは現在でも坑道口が開いていて坑道内へも入ることができるそうだ。雲之峰と呼ばれるところにも万歳坑

や胡桃坑などの名が付いた坑道があるという。沿岸部では大船渡には今出山金山、陸前高田には玉山金山、内陸で住田町には蛭子館金山がある。特に大金鉱であった陸前高田の玉山金山は奈良の大仏の金箔や金閣寺の金箔、中尊寺金色堂などに使われた歴史があり、千人の坑夫が落盤で生き埋めになったと言われる千人坑には金のベコ（牛）が埋められていると言う言い伝えがある。奈良時代初期からずっと明治まで採掘が続けられた歴史的な金山である。

　1880年、明治政府は我が国初の官営製鉄所を釜石に建設し、鉄鉱石・燃料輸送用の鉄道を開通させ、それまでとは異なる大規模高炉の操業を開始した。しかし、ここで生産した銑鉄に必ずしも十分な品質を確保できず、結果として生産力に見合う市場を確保できなかった。このため政府は、莫大な欠損を伴う操業は継続できないということで、鉄鉱石の埋蔵量が残り少ないとの見積もりや木炭をつくる森林資源の枯渇などを理由にして、わずか数年で官営製鉄所を放棄し、1884年に田中長兵衛に払い下げた。

　田中は、大島クラスの小規模な高炉を複数建設し、木炭燃料の積出し場を設置し、銑鉄生産を軌道に乗せた。また、陸軍砲兵工廠に大口の販路を確保し経営基盤を確立した。そして、製鉄技術の第一人者である野呂景義を迎え、工部省が放棄した大規模高炉の技術改良に努め、1894年、国内初のコークスによる銑鉄生産に成功し、我が国の資本主義の創生とともに近代製鉄業の基礎を築いた。

　このように、遠野は金山を求めてくる山師や、鉱山開発の中心となった釜石に働きにきた人々が、鉄道敷設を機に一気に交流が高まったことは言うまでもない。内陸の人々、そして沿岸地域の人々との交流・交易が、遠野の商業を盛り立て、農林産物が盛んに取引されて新しい文化と伝統文化が、入り乱れて発展を遂げることとなった。そんな中、大災害が沿岸地域に襲いかかったのである。

❖ 被災地後方支援の歴史

　今から約120年遡る明治29（1896）年、日清戦争の戦勝気分明けきらぬ6月15日午後7時32分、遠野市では旧暦の端午の節句の行事を終えた一家

団欒の最中、揺れるランプを抑える程度の地震を感じた。ところが、三陸海岸は激甚な津波被害を受けていた。この災害が、約2万2,000人の犠牲者を出した「明治三陸地震津波」であった。

当時の遠野市にはまだ電話がなく、津波発生の翌日に次々と仙人峠、笛吹峠を越えて避難してきた釜石・大槌方面からの被災者によって、その状況が明らかとなった。これは、2011年3月11日の東日本大震災発生後の様子の、まさにデジャブである。

しかし大きく異なるのが、釜石町（当時）だけで1,108戸のうち898戸が消失し、全人口6,235人のうち4,041人が死亡。当地に製鉄所ができて大いに活気付き、戦後9万にのぼる人口を抱える前の時代である。コミュニティの7割が一瞬のうちに消失したという点で、「明治三陸地震津波」の被害の甚大さが見てとれる。

この震災は、山奈宗眞が49歳、戦地より郷里に戻って牧畜や養蚕に邁進していた時の出来事であった。彼は、県庁に津波被害調査を志願。7月から9月の約40日をかけて、徒歩で現在の陸前高田気仙町から、県北の久慈市種市までの総延長約700Kmの沿岸地域を、克明に調査している[*5]。

この調査項目を分析すると、彼の調査の主眼が三陸の復興、特に水産業の復興に置かれていた。全部でそれは67項目に及ぶが、最初に「漁村の新位置」が記載され、今回の震災で言うところの「高台移転」の場所まで調査対象にしている。短期的な復旧策としては、船大工の雇用や漁具の供給を言及している。一方、防風林や防潮堤の必要の有無、漁業組合の設立方法など、長期的な復興策として、産業そのものの在り方にも言及している。まさに、宗眞は、被災地のみらい創りについて考え、三陸の漁村の殆どを訪ね歩いたのである。

こうした宗眞の行動の根底には、被災にとどまらず"困窮している国土、地方、コミュニティ"をどのように救うかという、地域創生的な考えがあったといえる。凶作対策、教育振興、私設図書館開設など、地域社会が自らの発展を"我が事"として捉え、その考え方を後世に伝えていく。過去を学び、未来に備えるという、現代の震災アーカイビングに通ずる、いやそれをはるかに超えた組織的な活動をリードしていた点で、「みらい創り」或いは「後方支援拠点

研究」が、100年以上前に既に行われていたことに驚愕する。その宗眞とは趣を異にする郷土史研究家が、特に遠野の文化伝承の礎を築くことになる。

❖ 愛郷心による技と文化の継承

「愛国心とは蓋し愛郷心の延長のみ。而して真の愛郷心は甘棠（かんとう）の愛より来る」これは、伊能嘉矩が遠野郷の歴史を研究した「遠野史叢」の巻頭にあげた言葉である。

国家を愛する心は郷土を愛する心の延長である。郷土を愛する心とは、生まれ育った土地の精神や文化をよく理解し、文化財を大切にし、現在の生活をより豊かにしようとする態度のことである。その基礎があると郷土を発展する力量が生まれ、その精神こそが愛国心につながる。という意味である[*6]。

甘棠の愛とは、立派な為政者に対し深い愛情と敬意を捧げること。周の召公は国内をくまなく歩いて、甘棠の下で人々の争いごとを裁き、訴えを聞いた。人々は召公の仁徳と善政を思い、甘棠を惜しんでその木を切らなかったという故事から引いている。

伊能嘉矩は、慶応3（1867）年、山奈宗眞から遅れること20年、遠野の新屋敷（現東舘町で生まれた。宗眞のご近所である。当時扶持7石というから、下級武士の出である。後の台湾研究とその成果については第三部に譲るとして、嘉矩の愛国心、郷土愛からくる技（わざ）と文化の継承について考えてみたい。

台湾から帰国後、嘉矩は郷土の歴史や民族の研究に打ち込んだ。その成果は、「上閉伊郡志」となり、その編纂は「南部叢書」へと続いた。また、「遠野夜話」、「遠野方言誌」、「遠野のくさぐさ」なども遠野の民族を語る大事な資料となっている。特に先の「遠野史叢」七編は、嘉矩の郷土研究の代表作である。柳田國男が1875年生まれであるから、8歳年上の嘉矩について、後に柳田は「伊能先生は、東奥遠野のみの恩人ではなかった。日本一国の学者の態度をもってその郷土を研究し、その郷土愛に立脚して、広く内外の事相を学ばれた」と賞賛している。実際、郷土史研究は、嘉矩が中心となり勉強会（郷土研究会）が開かれ、柳田も佐々木喜善も嘉矩の自宅で教えを受けている。

こうした郷土愛或いは郷土史研究が次世代までしっかりと継承されている

地域は、日本全土に多くはないはずである。研究会の一員であった鈴木重雄はこれらの精神を「土淵村（現土淵町）今昔物語」の総記でこう表している。「その土地には土地相応の屈折があらねばならない。今日までの発達段階は必ずなければならない。また他の地域と接触したことがあれば、それらの影響はどこかに残存していなければならない … 中略… 。新旧混迷の生き方考え方と、北方の農林業の在り方を、郷土を基盤にして科学的に研究しつつ、記録を読み考察することによって必ず何物か暗示せられるだろう」。こうした郷土愛、郷土史研究の文化は、柳田によって広く世に伝えられたが、嘉矩や重雄が体系化し編纂した資料が、遠野物語を生み出したと言っても過言ではないだろう。

❖ 文化財の発見・保全・活用

このような文化に関する研究を担い、後世にその素晴らしさを伝えるために、東日本大震災により東北が厳しい試練にさらされている2011年の春、遠野文化研究センターは創設された。それは、『遠野物語』を産んだ、遠野という地域の歴史や文化や風土を包括的に研究し、それを地域資源として生業や観光の現場につなげていくことをめざすことを目的としている。センター長には東北学の赤坂憲雄氏が就任し、遠野を起点として、その歴史や民俗文化を掘り起こしながら、文化によって地域の活性化を進めている。また、フィールドワークでの研究を重ねてきたその成果と研究方法を、伝統ある三陸の文化復興支援にも役立てている。

ここでの主な活動として「遠野語り部1000人プロジェクト」が有名である。遠野では豊かで多様な文化が、親から子へ、子から孫へと、"語り"によって受け継がれてきた。代々続く職人技、伝統料理、郷土芸能の"語り"ができる市民の存在なしには、文化の継承は成り立たないと言っても過言ではない。このプロジェクトでは、語り部のジャンルを「昔話」「歴史」「食」「郷土芸能」「生業」の五つに広げ、そういった市民を新たな「語り部」として認定する取り組みである。

また、遠野文化研究センターでは年に一度、遠野文化フォーラムを開催し、遠野の民間伝承を海外のそれとの比較研究に取り組んできた。昨年はグリム

写真24 遠野文化フォーラムでのシンポジウムの様子

童話と遠野物語における「暴力」を取り上げ、2日目のシンポジウムは、遠野みらい創りカレッジ（旧土淵中学校「音楽室」）において、その残酷性を通して新しい物語の読み方の比較を試みた。

さらに、学習院大学日本語日本文学科4年の伊東弘樹氏と成城大学文芸学部非常勤講師の横山ゆか氏による研究報告が行われ、伊東弘樹氏は『猿神退治譚研究 ──「イケニヘ」への裏側へ──』と題した論文で神様に娘を捧げる昔話と農耕の関連性について報告。横山ゆか氏は『日本のザシキワラシとドイツのヴィヒテルマン──『遠野物語』と『グリム童話』を中心に──』と題した論文にて『遠野物語』と『グリム童話』に登場する家の精霊の共通点などを紹介した。その後、赤坂憲雄遠野文化研究センター所長、三浦佑之顧問、日本グリム協会会長の橋本孝氏が参加し、「グリム童話と『遠野物語』」と題したシンポジウムが行われたが、グリム童話と遠野物語などの日本に伝わる昔話の共通点や背景などについて今後も継続した研究が進められるはずである。

❖ まとめ

大震災から4年が経過したものの、被災地の復興はまだ途上という状況である。その状況の中、遠野みらい創りカレッジでは、被災地の、そして遠野の未来を考え続けてきた。あるべき未来の姿を思い描くためのヒントは、過去の歴史の中にあるのではないか。そこで遠野市史、山奈宗眞をはじめとする人物の伝記、さらには遠野に立ち寄った旅人の随筆も紐解いて、その時代からの未来を想像してみた。

宗眞は、日本最大のホップ生産地や蔓の再利用を夢見ていたであろうか。

ジンギスカンが名物になると想像できたであろうか。嘉矩は、台湾から200万人を超える観光客が日本に押し寄せることや、市役所から"かっぱ捕獲許可証"が配られる日が来ることを想像できたであろうか。

パハヤチニカを編集されている千葉さんは、遠野郷が「馬千・人千」と謳われた時代、物資を往来するための主役だった「駄賃付け」に注目された[*7]。

「駄賃付け」とは、荷主から運賃をもらい荷物を運ぶことで、物だけでなく、異郷から多くの「物語」も運んできたようである。また、遠野の市日（市が立つ日）は1日、11日、21日が一日市町で、6日、16日、26日が六日市町であった。この市日に合わせて各地より駄賃付と称して馬が集まることで、遠野町は賑だといわれている。

現在、遠野では沿岸に向けた高速道路建設が急ピッチに進んでいる。一方、釜石線をSL銀河鉄道が走ることで、観光の目玉とするプロジェクトが進行中である。昔ながらの駄賃付の鈴の音は、どこまでも遠ざかろうとしている。千葉さんは「いつの日か、遠野の町を、当たり前のように馬と人が歩いている」そんなことを夢想したくなった、と記述されている。

翻って、愛郷心を深く持つ遠野市民各位の文化資本形成は、「駄賃付け」に代表されるその多様なネットワーク化によって培われてきた。そして現代でも、遠野のコミュニティは、地域を基盤に、多様で、重層的な構造をしている。このような重層的構造を持つ職人の技と文化が遠野の魅力（景観、自然との共生システム、結いと農村生活、文化多様性、文化交流の場づくり、ホスピタリティなど）を今後も生み出し続けるであろうことは、遠野を訪れる人であれば、必ず感じて、この心のふるさとを後にするに違いない。蒼き山脈が育んだ文化や伝統は、確実に新しい姿や形に変化させながらも、その本質は殆ど変貌することなく、遠野で暮らす人々によって次世代へ継承されている。

注及び参考文献:

* 1　遠野市編纂『遠野市史 第3巻、第4巻』1977年。
* 2　池上惇「公共事業の政治経済学」『高崎経済大学論集』第54巻、第4号（2012年）、1-12ページ。
* 3　田面木 貞夫『遠野の生んだ先覚者 山奈宗眞』遠野市教育文化振興財団、1986年。
* 4　パハヤチニカ編集委員会『パハヤチニカ』Vol.17「金山稼ぎ」、2004年。
* 5　パハヤチニカ編集委員会『パハヤチニカ』Vol.26「被災地支援」、2012年。
* 6　岩手県教育委員会「岩手の先人達：第4号，伊能嘉矩」
* 7　パハヤチニカ編集委員会『パハヤチニカ』Vol.27「駄賃付け」、2013年。

第二部

企業の語り部が紡ぐ新・遠野物語

　第二部は、遠野みらい創りカレッジの二本柱のうちの一つ、富士ゼロックス株式会社の復興推進室、コミュニケーション研究所、これらと連携する未来新聞による東日本大震災からの復興支援・地域再生・発展活動の記録と、過去を踏まえつつ未来を展望する実践と理論化の試みです。

　いま、日本における震災復興や地域再生支援活動において、NPOが基軸となった時代から、市民、NPO、企業組織、自治体、大学などの産学公共の連携時代が始まりつつあります。

　遠野における富士ゼロックスを軸とした活動は、今後の復興支援や地域再生における新たな経験でありました。また、京都と遠野の"つながり"も、富士ゼロックスの研究開発や復興支援活動なくしては、あり得なかったと思います。

　今後、地域創生活動は、遠野と京都のような水平型の地域間連携や、産学官、そしてコミュニティの双方向連携によるものが急増すると予想されます。従って、ここで語られている内容は、今後の地域創生活動の先駆的なモデルとして貴重な意味を持ってくるはずです。

第一章
地域と企業の共通価値を創造する"みらい創り"活動
―― 釜石市、遠野市での復興支援活動を例として

富士ゼロックス㈱ 復興推進室

❖ はじめに

　東日本大震災から4年が経過しました。この間、幹線道路や電話・デジタル通信網などの交通通信基盤整備が進む一方、被災地復興の道のりは険しい状況です。被災地の仮設住宅は、60%が必要とされ、公営住宅での受け入れはいまだに整っていません。高台の住宅地や港湾整備の着手が始まったばかりの地域もあります。住民あっての自治・コミュニティですから、安全安心な暮らしの環境確保が基本的課題となっています。

　多くの企業や大学は、被災地を何度となく訪れています。しかし、解決すべき課題に到達できないまま時間と予算を消化しがちで、残念ながら、企業活動や研究活動の成果が被災地域の再生には結びつかず、支援活動自体も息切れ状態です。

　富士ゼロックスは、東京に本社、横浜に研究所を持つ企業ですが、震災直後から復興推進室を設け、岩手県を中心に活動を継続中です。震災後、復興には必需品である複合機（プリンター・イメージスキャナ・ファクシミリなどの事務機器の機能を一つの筐体に収めたものです。画像データのデジタル処理化に伴って製品化が可能となり、一般的にはデジタル複合機や複合プリンタと呼ばれています）を仮設で診療を開始したクリニックに無償で提供しつつ「被災地が解決すべき課題は何か、という本質的な問題発見」に努め、まず、被災地における医療システムの再生に取り掛かりました。この取り組みは、現在も継続しており、地元の方々から歓ばれております。

今から振り返ってみますと、富士ゼロックスには、創業以来、より良いコミュニケーションを通じて、人々の間のより良い理解を高める製品づくりと活用のノウハウを、社員一人ひとりが最優先に考えるという企業文化の伝統があったのです。また、人間社会の生命と生活を最優先に考える企業姿勢（CSR）も根付いていました。そこで、私たちは被災地の人々の生命と健康を守る活動に、社員一丸となって取り組んだのです。復興推進室においては、医療情報システムを構築しうる技術者層などが参加し、地域コミュニティの切実な医療への要望（ニーズ）を知り、これに応えることができたことは、私どもにとっても初体験であり大きな歓びでした。さらに、それまでのビジネスでは、企業（B）から企業（B）へと向かう営業や、企業（B）から消費者（C）への営業活動が主流でしたが、今回は、Bから地域社会（Community）への活動が始まったことも私たちを興奮させました。企業が社会問題と向き合い解決する力量がある。これは、私たちの誇りです。

　被災地では、解決すべき課題の発見が難しく[*1]、その理由の一つに、地域の多様な団体や組織の利害調整が進まないことや、課題が多すぎて何から手を付けてよいかわからないことが度々あるのです。

　しかし、富士ゼロックスの活動では、「生命と生活を優先する文化」が基礎となっていましたので、最優先課題であった被災地、釜石市における医療や健康を改善する活動に取り組むことができました。さらに、地域の関係者（ステークホルダー）の対立も回避できました。誰もが一致できる緊急課題であったからです。

　本質的かつ重大な課題の発見ができなければ、研究や貢献といった活動も一方的なものになりがちで、被災地の人々の望む「みらい創り」を実現することが困難なのです。

　釜石市における活動は遠野市を支援・交流拠点として活用させていただきました。この地は、沿岸部における津波や震災被災の救援基地として歴史と伝統のあるところでしたから、私たちも、貴重な学びの場を頂きました。

　同時に、遠野市からは、復興支援などの大きな実績にもかかわらず、年間5％の及ぶ人口減少があるとの深刻な状況を知り、震災復興の課題は、医療システム再生だけでなくて、地域の再生や発展にも正面から向き合う必要が

あると真剣に考えるようになりました。

　一方、富士ゼロックスでは、研究開発部門の中からコミュニケーション技術研究所（富士ゼロックスのR&D組織の一つ。人と人、地域と地域などの組織をつなぐサービスの研究開発を行っている。具体的には、ワールドカフェなどホールシステム・アプローチによる対話手法やインターネットツールの研究開発をしている）という組織が、全社の復興推進活動の一環として、自然災害によるダメージを受けたコミュニティ等が抱える、"複雑且つ専門家でも難易度の高い社会課題を特定する"ためのコミュニケーション手法をまず社内で実験しました。そして、それを地域共創の研究の一つと位置付け、遠野市において"みらい創り活動（富士ゼロックスが遠野市と合同で行った"課題発見から地域創生プロジェクト化"までの組織的な活動、みらい創りは富士ゼロックスの登録商標［2013年4月］です）"として"対話会"を2012年の秋から1年間続けてきました。研究員たちは、その活動を対話により"つながり続ける活動[*2]"として分析と検証を実施してきました。その結果、地域と共通価値をシェアする実践研究にまで進むことができました。全くの新分野です。これから経験を総括し発信するのが、私たちの社会的責任なのです。

　本章では、そのコミュニケーション手法や技術をベースに、釜石医療圏で実施した地域医療への支援活動と、遠野市で実施した「みらい創り」活動の2種類の復興支援活動をとりあげ、「企業と地域の共通価値の創造」[*3]についてその実践例をご紹介いたします。

　また、その復興支援活動の現場において、2種類の設計方法を使い分けることによって、コミュニティを構成するステークホルダーの人間ネットワーク形成から始まり、市民の総意形成に至るプロセスの解明と紹介を目的としています。

　さらに、この地域において、コミュニティの総意形成をリードすることとなったマネジメントの論理を提示することも目的としています。

　それでは、遠野での活動を紹介する前に、釜石での復興支援活動に触れたいと思います。

Ⅰ 被災地釜石市の現状と課題解決方法

　釜石市に代表される津波による被災地域では、今もコミュニティの安全安心な暮らしが完全には回復していない状況が続いています。釜石市は岩手県の南東部、三陸復興国立公園の中心に位置し、世界三大漁場の一つ北西太平洋漁場の一角をなす三陸漁場と典型的なリアス式海岸を持つ市です。また、近代製鉄業発祥の地であり、最盛期の人口は9万人を超えることもありましたが、製鉄所の高炉の休止に伴い人口が減少し、現在は4万人を下回っています。また、以下の様な深刻で大きな被害を受けた地域の一つです（図表1：参照）。

　この釜石市では、震災前から地域医療の再生に取り組むため、都道府県に設置されている地域医療再生基金を活用した医療基盤整備事業が計画されていました。そのカバー範囲は釜石市と大槌町にまたがる医療圏（以下：釜石医療圏）で、合わせて5万人余りのコミュニティにおける、医療及び福祉の連携に期待が集まっていました。しかし、そこに突然津波によって医療圏が襲われ、その計画が頓挫することとなったのです。

　そのため、コミュニティの取り組むべき課題は、原状復帰後に、震災前から

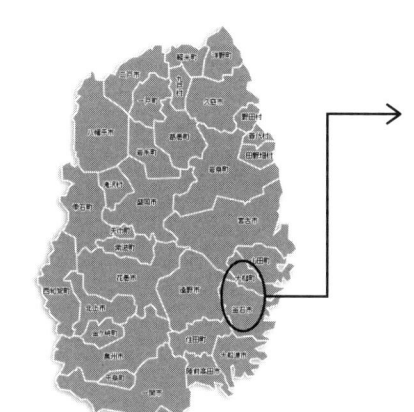

釜石医療圏（釜石市、大槌町）
※大規模な被害にあった沿岸地域の一つ

項目	実数
死者数	883名
行方不明者数	221名
住宅・建物被害 （前回＋半壊数）	3,723件

※岩手県医師会HP参照

図表1　釜石医療圏の位置と釜石市の被災状況

予定していた医療基盤整備の達成に向け、根本的な課題解決である「中核病院の効果的な活用」と「在宅医療の確立」でした。震災後、釜石医師会の方々は、被災者の救済に当たる傍ら、震災前に取り組んでいた課題解決に取り組むことこそ、このコミュニティの住民の皆さんが安全安心暮らすために、最も必要なことと考えていたのです。

❖ 医療現場とのコミュニケーション

　このように課題が明確化されているコミュティにおいては、課題解決には時間が要するかもしれませんが、取り組むべき課題の優先順位付けが比較的容易です。そこで富士ゼロックスは、医療基盤整備を達成するための土台となる「在宅医療の確立」に着目しました。これもまた、震災前から釜石ファミリークリニックの寺田院長を中心に推進してきた事項でした。

　そこで、富士ゼロックスの復興支援チームは、小泉会長を筆頭とする釜石医師会、中核な役割を担う県立釜石病院の遠藤院長（当時）、釜石市役所保健福祉部、そして保健所等の皆様方にヒアリングを実施しました。その中でも、前述の釜石ファミリークリニック様を含む二つの医療機関との間で、実証実験のための守秘義務契約（Non-Disclosure Agreement）を締結し、課題解決のための徹底した在宅・訪問診療に関する調査と分析を目的としたコミュニケーションを実施することとしたのです。

　具体的には、毎週1回、診療後のクリニックを訪問し、寺田院長からクリニックの業務とその流れを教えていただきました。コミュニケーションの方法は「聞き取り（インタビュー）」が中心でしたが、「ディスカッション」「勉強会」「確認会」そして「デモンストレーション」などです。

　現場の関与者の業務の流れが把握できるにしたがい、地域医療の中心となる中核病院、かかりつけ診療所、薬局、介護サービスなど、地域での医療・福祉関連機能の役割分担を図る必要があることがあらためて浮き彫りになりました。また、その役割分担を側面から支えるための取り組みとして、訪問診療や訪問介護をベースとした在宅医療の仕組みを充実させることが重要であることも確認することができました（図表2）。

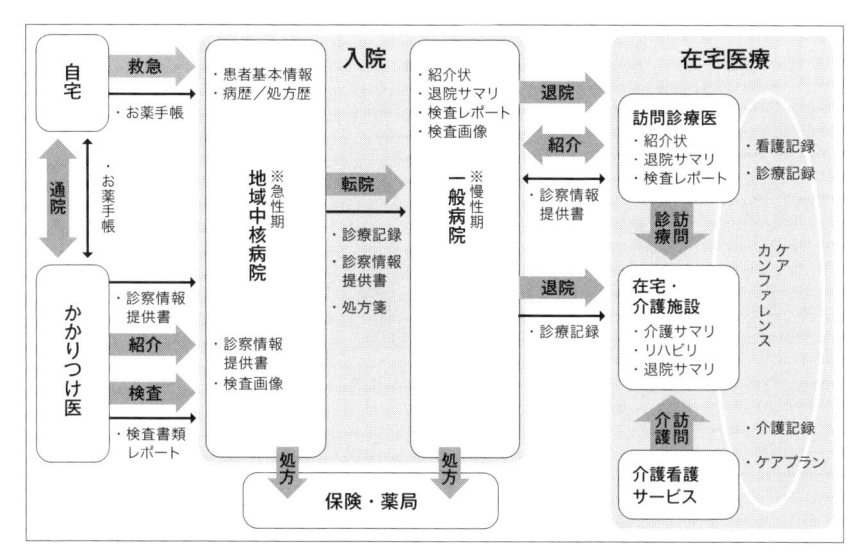

図表2 地域医療における在宅医療の範囲

　復興支援に携わる開発チームは、より具体的な課題や要望を抽出するために、在宅医療にかかわるさまざまな役割の関与者に対する聞き取り調査を行いました。その対象は、訪問診療を実施している診療所の専門医、看護師、事務スタッフ、介護サービス事業所の責任者、訪問看護師、ケアマネジャー、薬剤師などです。

　ヒアリングの結果、患者の記録の多くが紙で管理されていることにより、急な呼び出しなどの際に外部から、その患者記録の確認ができないことが分かりました。また、患者の診療や介護にかかわる関係者間で、お互いが持つ情報を共有する必要性が高いにも関わらず、情報伝達に手間がかかるため情報の共有がスムースにいかないことなどが大きな課題であることを確認することができました。そして、その課題解決には、組織的に実施される"在宅医療を支援するシステム"の開発が不可欠であることが浮き彫りになりました。

❖ 人間中心設計

　システムの設計には人間中心設計（Human Centered Design：以下HCD[*4]

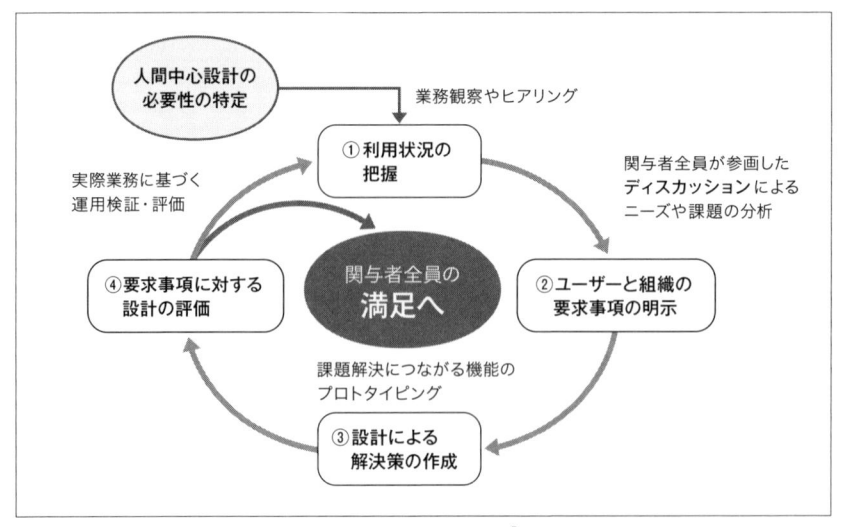

図表3 HCDの概念図（＝将来のユーザーまたは顧客）[*5]

図中:
- 人間中心設計の必要性の特定
- 業務観察やヒアリング
- ①利用状況の把握
- 関与者全員が参画したディスカッションによるニーズや課題の分析
- ②ユーザーと組織の要求事項の明示
- 課題解決につながる機能のプロトタイピング
- ③設計による解決策の作成
- ④要求事項に対する設計の評価
- 実際業務に基づく運用検証・評価
- 関与者全員の満足へ

手法を採用して、現地クリニック内のコミュニケーションルームを中心に、システムの将来の関与者（顧客）に対して、毎週1回のペースで設計活動を実施しました。HCDの考え方に従えば、被災地で在宅医療の充実化を成し遂げるという目的があるため、被災地医療圏の患者のために必要な関与者を対象にした「商品或いはサービス」作りが不可欠である、と考えたからです。

被災地である釜石医療圏の「在宅医療の確立」のためには、施設内の関与者に密着して設計企画を立て、その関与者とともに設計に必要な調査、実験データの取得をすべきであるとの考え方をベースに置き、まずは、徹底してカルテを中心とした診療情報の利用状況把握のための調査を実施しました。

そして次に、医師などの専門家を中心に、在宅患者を中心として関与者の組織的な取り組みに合わせて、それぞれの関与者の要求事項を整理していきました。とりわけ、ケアマネジャーをシステムの仲介者として捉え、ケアマネジャーがリードするケアカンファレンスの場での情報共有の在り方について、詳細な調査と解決策の仮説検証の実施を計画的に進めていきました。そして、この方法を関与者全員のインタビューを中心に実施し、でき上がったプロトモデルの評価を通じて、在宅診療を支援するシステム開発を進めていったのです。

❖ 在宅医療を支援するシステムの完成

　訪問診療のワークプロセスからは、紙カルテの参照や紙への記録の記載、紙による連絡など、紙ベースの運用が適していることがわかりました。また、訪問診療に関わるスタッフはPC操作に慣れていないスタッフも多い、訪問先ではノートPCを広げるためのスペースもない、といった現場特有の問題も明らかになりました。ここから、ITに不慣れな人でも簡単に操作できること、今までの紙での運用プロセスを大きく変えないでシステム移行できること、現状訪問時の診療記録を簡単に既存のカルテにファイルできること、などがシステムを検討する上でのポイントを見出すことができたのです。

　そこで開発チームは、このポイントを踏まえ、今までの紙の扱いで慣れ親しんだ操作の仕方を元にシステムを扱うことができることと、紙情報と電子情報とをハイブリッドに活用した運用が可能であることを主要な設計コンセプトとして抽出することができました。

　また、地域における緊急時のバックアップ体制の構築も重要な設計要件であることが分かったのです。今回の震災で被災した診療所の中には、紙カルテ用していたため診療録そのものが津波で流出して失われてしまったところも多く、診療の継続が難しい状況になったということがあったのです。また、医療コミュニティ全体で安全安心な暮らしを支えなくてはならないことを考えると、個別の医療機関での対応だけではなく、医療コミュニティ全体として診療記録のバックアップを行い、有事の際に活用可能な体制や仕組みが求められていることも分かりました。

　このような医療コミュニティ全体で診療記録のバックアップを管理するための仕組みについては、現在の紙で管理されている診療記録を、簡易な操作で電子化して、各医療機関の施設から離れた独立した場所に蓄積管理をする機能が求められていることも分かりました。そこで、これらを要件として実際のシステム設計を行い、開発にご協力いただいた釜石ファミリークリニックにおいて約半年間の検証を重ねた結果、現在正式に"在宅医療支援システム"として稼働しています。

❖ 地域包括ケア支援への応用

　さて、団塊の世代が75歳以上となる2025年を目途に、重度な要介護状態となっても住み慣れた地域で、自分らしい暮らしを、最後まで続けられることを目的として、「住まい」「生活支援」「医療」「介護」「予防」が、一体的に提供される仕組み（地域包括ケアシステム）が求められています。自治体が中心となって仕組みの構築・検討が進んでいますが、多職種連携とそれを支援する情報共有・コミュニケーションがキーとなるといわれています。

　震災後、釜石医療圏で定期的に開催されている地域医療に関する懇談会では、医療・保健・福祉の関係者のほか地域住民の代表が集まり、医師不足に歯止めを掛けるための取り組みや、保健・医療・福祉の連携について話し合われています。その中の住民の声に「在宅医療を中心に、釜石地域の保健・医療・福祉の連携は、関係者の努力でほぼ形ができあがってきているようで、素晴らしいことだと感じる。」というものがありました[*6]。

　釜石医療圏では「震災前から、保険・医療・福祉が自然に連携しあう"人の和"創りの伝統があった」とおっしゃったのは医師会の小泉会長でした。このような、いわゆる"社会関係資本"が充実した地域では、システムを活かし、継承する力がコミュニティ自体に存在します。地域包括ケアをシステムとして定着化させるためには、「人の和」をコミュニティの信頼関係の中で"仕組み"として廻す力が必要であることを、釜石での活動を通じて感じることができました。従って、厚生労働省が指摘している「地域包括ケアシステム」構築の課題である"多職種による情報共有・コミュニケーション支援"には、コミュニティの中で社会関係資本と、そこで営まれる「人の和」を仲介するナチュラルな意思疎通や情報共有を支援するシステムの双方を、高度な信頼関係性の中で機能させる必要があるのではないでしょうか。

　現在、富士ゼロックスの復興推進室では、新たな専門家をチームに入れて、同じ釜石医療圏で別の調査に着手しています。そこからも、このような仕組みづくりには、社会関係資本と、多職種や施設間で異なる情報管理方法を超えた情報流通・活用のための基盤技術や連携を支援するサービスが必要とされることがわかってきています。富士ゼロックス㈱の復興推進室では今後もこの

ような論理に基づき、被災地域や医療圏の実情あるいは課題に則した"コミュニティの社会資本や信頼資本と情報技術の共存"をテーマにした支援活動を継続していきたいと考えています。

II 被災地支援に向き合った遠野市

　今回の震災では、沿岸部を襲った津波による人々の社会的生活基盤の損失が、直接的な被害としては甚大なものでした。震災直後、岩手県を中心とした沿岸被災地域は、なぜ近隣の沿岸地域から支援や救済の情報が入らないのか、不安や不信に感じられたといいます[*7]。今回のような同時的かつ大規模な災害の場合、被災範囲が広大且つ甚大であることから、通常想定している近隣市町村からの救援や救済が不可能になることが浮き彫りとなったといえるでしょう。

　遠野市の本田市長は震災直後に、「尋常ならざる状況が起きたに違いない」との判断から、遠野市民の安否及び建物等の状況確認を終えた後、ただちに沿岸被災地救援・救済のための後方支援拠点体制作りを宣言し、職員に詳細な情報収集の指示を下しました。この遠野市が緊急にとった復旧・復興の行動全般は、本田市長の適切かつ超法規的な意思決定であったと回想されており、被災地の救援に多大な貢献を果たすこととなりました[*8]。

　このように同時的かつ大規模な災害の場合、後方支援活動拠点の果たす役割は大変重要であることが判ってきました。第一部の第一章で触れた遠野人「山奈宗眞」は、明治三陸地震津波において、自主的にその調査に乗り出しました。岩手県の政治の中心地である盛岡の県令と連絡を密にして、沿岸被災地の後方から支援の在り方を徹底的に研究した成果は、驚きを持って後世に伝えられています。

　現在でも南海トラフや首都直下型地震が、何時、どこを震源として発生するのかはわかっていません。加えて、遠野市のような拠点が全国のどこにあればよいか、どのようにその拠点を開発すればよいのか、そして平時からその拠点では誰がどのような活動をすればよいのか、といった研究はあまりなされてい

ないのが現実です。

　遠野市は過去の経験を踏まえ、平成19年から地理的特性を生かして、市を中心とした半径50km圏内の自治体をつなぐ「地震・津波災害における後方支援拠点施設整備構想」[*9]を実現すべく、国や県に具体的な整備の要望を提案していました。

　それは、甚大な被害により被災自治体の行政機能が完全に喪失した状況下において、遠野市が後方支援拠点として重要な人、モノ、情報の集積拠点として有効に機能することを想定した提案でした。そして、その提案が受け入れられ、防災センターと運動公園（青笹地区）を拠点とする整備が進められました。ここを拠点として平成19年、20年に実施された、県、自衛隊、市民等が参加した大規模訓練の経験が、東日本大震災で活かされることとなったのです[*10]。

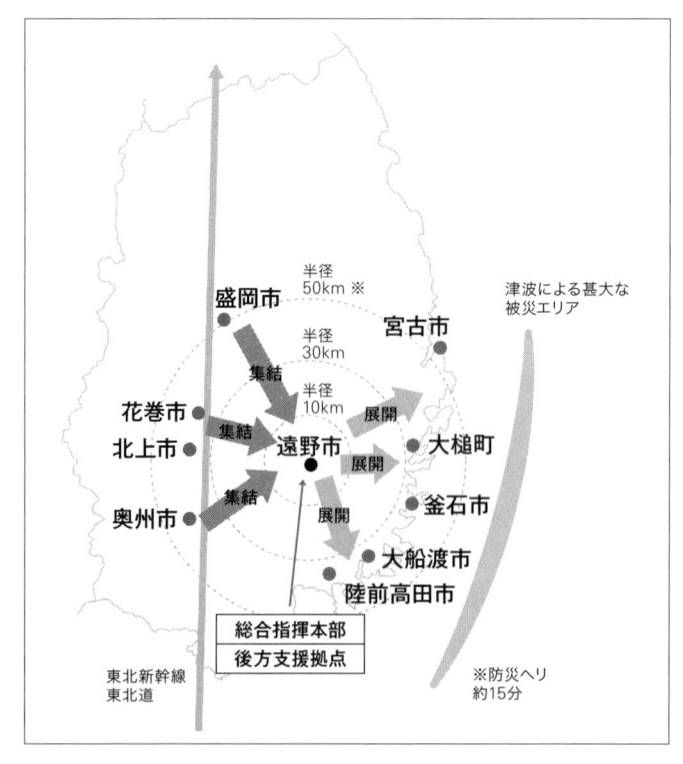

図表4
地政学的に見た遠野

❖ 遠野市の地域再生・発展に向けて

　第一部でもご紹介しましたが、遠野市は、岩手県内陸部にある都市です。柳田國男の『遠野物語』のもととなった町であり、河童や座敷童子などが登場する「民話の里」でも知られています。この遠野市は江戸時代・明治時代から沿岸地域との交流拠点であり、沿岸部に津波が押し寄せた際には復興支援の拠点としての役割を担ってきました。今回の震災でも、自衛隊やボランティア団体を中心とした支援部隊の拠点として施設を解放し、自治体や市民も直接・間接的に支援を実施してこられました。

　遠野市では震災前から地域防災計画を策定し、災害対応に備えていたことは前にも述べましたが、3.11の震災発災直後から、毎日朝夕2回、市職員によるミーティングを持ち、最新の情報や活動内容を十分に共有することに務められました。その結果、遠野市災害対策本部の後方支援活動は、被災地はじめ各方面から賞賛を以て高く評価されています。

　しかし、沿岸部への支援を継続することは、それだけ遠野市自身のみらい創りへの手を止めることになります。実際、身を粉にして支援に徹してきたコミュニティは将来に対する不安が募り、自治体との間で政策に関しての意見の違いやコンフリクト（対立）が具現化する状況となっていました。

　2013年、「"遠野スタイル"によるまちづくりの指針」が市民に発信されました。「進化し続ける"まちづくり"総合力で元気再生」をスローガンとして、短期的には「SL停車場プロジェクト推進事業」などがあげられてはいるものの、少子化対策、持続可能な学校運営等々、多くの課題が山積していたのです。

　企業や研究団体がそうした課題に向き合うためには、コミュニティに深く入り込み、連携や交流を通してその本質を見極め、解決策を同じ目線で取組まなくてはなりません。福島県の会津若松では、アクセンチュアがイノベーションセンターを運営しておられますが、センター長の中村彰二郎氏と意見交換させていただいた際も、同様の感想を述べられていました。釜石への中継地点として訪れることが多かった我々の遠野でのみらい創りへの"はじめの一歩"も、決して容易なものではありませんでした。遠野市が取り組むべき課題が、はっきりと掴めていたわけではなかったのです。

❖ コミュニティとの連携・交流

　弊社が遠野市でのみらい創りに取り組みはじめた頃、初めにコンタクトとさせていただいたのが「産業振興部連携交流課」というセクションでした。企業として連携交流を深めるという作業や行為は、企業同士での研究開発の機会など、期間や予算を限定したプロジェクト活動の場で実施されることが殆どです。しかし、被災地を支援する活動をライブで実施されている行政現場との連携と交流について、取り組むのは初めてのことでした。

　昨今、社会連携、産学連携、地域連携等々、連携という言葉が多様な場面で扱われています。本章で扱う連携とは、コミュニティが企業（または企業グループ）組織、他地区のコミュニティ、そして行政組織との間で連絡を密に取り合って、特定された課題の解決のために一緒にプロジェクト的な活動をすることと定義しました。

　その連携で交わされる多様な意見を真に役立つものにするためには、情報の収集、共通言語への翻訳と伝達、というコミュニケーションを促進する組織的な取り組みが求められます。何故なら、コミュニティ外部からの情報を生のまま内部に流しても、その意味するところが十分に伝わるとは限らないからです。従って、その情報の意義、解釈、そして付随する情報も併せて伝えることが必要とされるのです。

　一方、国際交流、学術交流、研究交流等など、連携同様に交流という言葉も多くの場面で用いられています。本章ではコミュニティの外部組織との交流を、コミュニティの構成員が、コミュニティの課題解決を目的として外部組織との連携を図るために、域外で他の組織や組織人とコミュニケーションをとる行ためと定義しています。

　遠野市の「連携交流課」は、課長の石田久男氏のリーダーシップのもと、災害対応だけでなく、教育・文化・産業・観光など、遠野市としての重点政策について他の自治体や市内外の企業、そして大学や研究機関との連携を目的として業務に当たられています。その中心的な業務では、重要政策を推し進めるために、外部団体や機能と交流を進めるための、一種のハブ機能が要求されています。

我々が遠野市での"みらい創り活動"を進める上で、この組織を中心に連携交流を戦略的に実施して、コミュニティとともに真の課題の特定と改善策の検討・実施に取り組まなくてはなりませんでした。そのためには「誰が」「どのように」それに取り組むのか、という次の課題に向き合うこととなったのです。

❖コミュニティ・コーディネーターの役割

　オープンイノベーションなどの研究では、外部組織との連携や交流が大変重要な意味を持つとされています。それにはAllen（1970）が初めて概念化した、ゲートキーパー[*11]が主要な役割を持つとされてきました。

　一般に、ゲートキーパーとは、組織や企業の境界を越えてその内部と外部を、技術情報を中心につなぎ合わせる人のことを指します。また、ゲートキーパーは、技術開発に入用な情報をさまざまな情報源から収集し、それを最もうまく活用できる人材、あるいはそれに最も大きな興味を持っている適切な人材に受け渡す役割を持つとされます。

　しかし、本章で扱うコミュニティ間の連携交流とは、ゲートキーパーのような外部組織との間で単に技術情報を交換し合うような役割では不十分だと考えました。また、企業の技術開発の際に、組織や企業の境界を超えてコミュニケーションをとり、専門知識を駆使して必要な技術情報をつなぎ合わせる役割でも同様に不十分であると考えました。何故なら、連携交流を成し遂げる個人または組織は、コミュニティ間のスムーズなコミュニケーションを図る上において、さまざまな実践知が集合化されたコミュニティを、内外組織と連携させることで「新たな実践知を取り込み、新しい集合知を創りだす役割」[*12]を持たなければならないからです。

　例えば遠野市で言えば民泊経営者との間で醸成された関係性を軸に、創出された集合知を活用してコミュニティの総意形成のサポート役を担う組織または組織人がそれに当てはまるでしょう。これらの役割をもったコーディネーターは、コミュニティの枠を超えて、外部企業や研究団体と連携したプロジェクトを大きく前進させることを支援し、関係組織間の距離を超えてグローバル企業や自治体との連携や交流をダイナミックに推し進める原動力となるはずです。

従って、コミュニティとの連携を実施するコーディネーターは、コミュニティ内外のプロジェクト関与者に的確なアドバイスを付与し、プロジェクトを活性化させることも求められます。さらに、プロジェクトなどの全体の評価、市場調査や分析の役割も担わなくてはなりません。このように、コミュニティが主体となった外部組織との連携とは、コーディネーター自らが内外とのコミュニケーションを活性化させ、プロジェクトを成功に導くための組織的な取り組みと位置付けることができるでしょう。

　そこで我々は、企業や経営組織が、地域が取り組むべき課題に向き合うためには、このコミュニティ・コーディネーターの存在が不可欠であり、コーディネーターはコミュニティで必要なコミュニケーションを理解し、人々との連携や交流を通して、コミュニティの総意形成をはかる活動をリーディングしなくてはならないと考えたのです。

　富士ゼロックスは、このみらい創り活動のコーディネーターとしての役割を、コミュニケーション技術研究所の河野克典氏らと筆者が率いる組織（＝復興推進室）が担い、筆者が全体の企画責任者として、みらい創り活動をリーディングすることとなったのです。

III 取り組むべき課題の発見をめざした
　　みらい創りキャンプ

　被災地や被災地を支援したコミュニティに必要なのは、被災地の復興状況を認識しつつ、コミュニティが一丸となって取り組むべき課題を抽出することです。そして、それには住民に理解を得る復興や地域創生計画を示すことが必要です。またそれを実践するためには、計画の具体的な展開方法や進め方についてコミュニティを中心としたさまざまなステークホルダーの合意形成を得ることが必要となります。さらに、その展開方法を産官学一体で設計して展開を支援していくことも重要でしょう。

　富士ゼロックスは、コミュニケーション技術研究所と復興推進室２チームの合同作業として、地域創生活動を支援・促進する「みらい創りキャンプ」活動

を1年間にわたって実施することとしました。具体的には、富士ゼロックスの社員、被災地以外の大学生、被災地の高校生そしてコミュニティの方々が交じり合う形で、30名程度の秋キャンプ（2012年11月）から始まり、200名以上が参加した春キャンプ（2013年4月）においてワールドカフェ形式の対話[*13]によるワークショップを実施し、遠野のみらいについて語り合ったのです。この際に活用したコミュニケーション技術については次章で詳細を紹介させていただきます。

❖コミュニティ中心設計

　私たちは、はじめに、地域社会が抱える複雑で専門家でも難易度が高い特定しづらい課題を洗い出す際には、徹底した地域コミュニティの構造・組織の把握が必要です。

　そのためには、市民や、まちづくりの主体と成り得る関与者全員が参画した対話によるニーズの発見・課題の分析が不可欠です。

　遠野での活動では主にワールドカフェを用いた対話を繰り返すことで、知識の集合化を図りつつ地域の課題の特定を試みました。そして課題解決につながる機能の調査・分析の手続きを経てから、その結果に基づきつつ、コミュニティの総意によるコンセプト創造を実現しうるよう最大限度の努力を傾けました。

　その対話によって得ることができた具体的なコンセプトは、「地域の本物(宝)を活用した"触れ合うように学ぶ"ことを通じて得られるみらい創り」でありました。

　このコンセプトを基に実施したのが、富士ゼロックスの新入社員261名による釜石・遠野両市で実施した集合研修の中のプログラム、岩手県立遠野緑峰高等学校での対話会でした。

　人数の関係で2回に分けて実施しましたが、新入社員約130名と高校生70名、そして地域の皆様など50名、合計約250名での対話会を2クール開催したのです。また、併せて民泊での宿泊を選択し、新入社員全員が民泊を体験させていただきました。この取り組みは、対話会から抽出された「触れ合うよう

に学ぶ」ということが、遠野市で実施できるのか。そして、遠野市の抱える「取り組むべき課題」と、その解決策の発見につながるのか。この2点を対話会と民泊によって実証（実験）させていただくことを目的としていました。

このような、地域社会の課題を特定するための手法とその課題解決策の設計方法を、私たちは、地域社会中心設計（Community Centered Design:以下CCD）と呼ぶこととしました。それは、HCDで対象とした関与者を、コミュニティを運営するステークホルダーまで広げ、「コミュニティの総意を得ながら、設計者がコミュニティの抱える課題の特定からソリューションの開発、運用、評価までを行う設計方法」として、遠野市での活動全般で実践的に活用しました。

具体的にはコミュニケーション技術研究所の面々にご協力いただき、以下の図表8のように、秋キャンプ（関係性構築）→冬キャンプ（プロジェクト特定）→春キャンプ（コンセプト抽出／プロトタイピング）→夏キャンプ（課題の特定）をワンクールとして、CCDを設計・企画し、実践（ファシリテーション等）しました。コミュニケーション技術という基礎研究があって、その上でCCDが生まれたことが、お分かりいただけると思います。

一度に250人が参加する春キャンプを実施した結果、地元の高校生や市民の皆様との対話会、そして民泊先での交流など、まさに「触れ合うように学ぶ」ことができることが証明されました。また、このキャンプを通じて遠野が抱える課題が「コミュニティが主体的に産業・技術・文化を伝承し、そこから新しい産業や教育を創造していくこと」であることが、対話会の発表で抽出されました。そして、遠野市と盛岡市で行われた夏キャンプでの発表会を通じて、その課題がコミュニティの総意であることも確認できました。ここまできて、はっきりと「コミュニティが取り組むべき課題」をとらえることができたのです。

この課題はこれまでの「町おこしプロジェクト」や、遠野スタイルで取り上げられてきたものと近い内容であったのかもしれません。しかし、多様な人々とのコミュニケーションを通じて総意を得るという、明らかにこれまでとは異なるプロセスを経て発見されたものです。そして、さらに行政側との話し合い（HCD）を進めることで、「産学官・世代・地域・国境を超えて、互いに学び合うことを通じて遠野のみらいを創造する」という解決策が導き出されたのです。

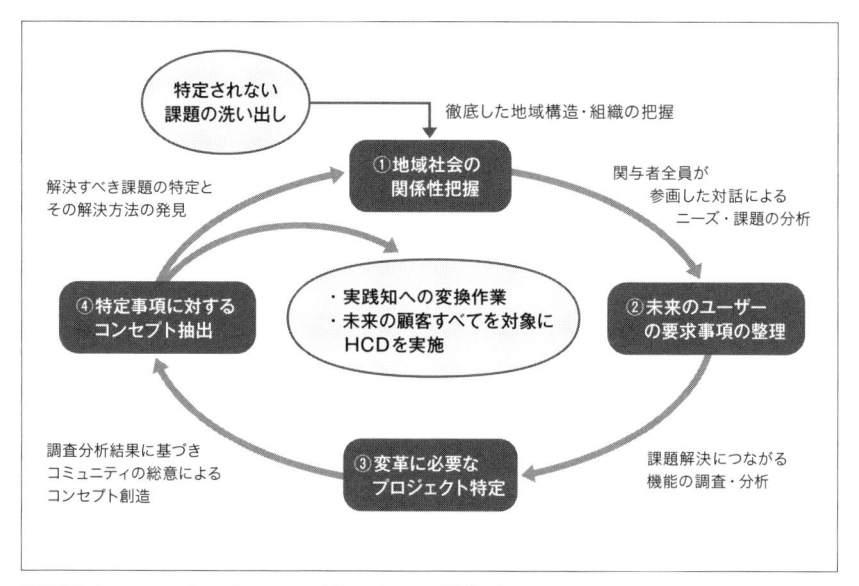

図表5 Community Centered Designの概念図
横断型基幹科学技術研究団体連合会 2013年12月＠香川大学等での発表資料から抜粋

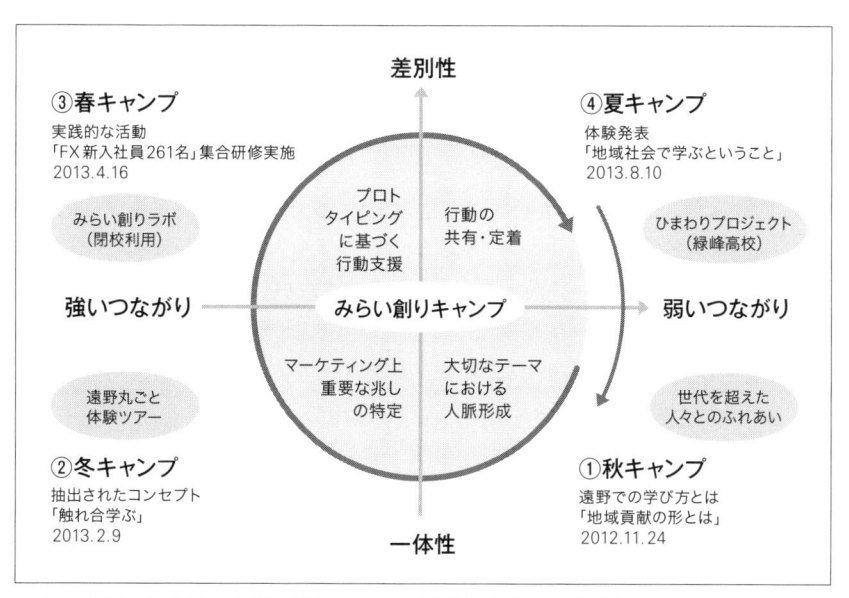

図表6 遠野市におけるみらい創りキャンプで実際に使用した設計図
横断型基幹科学技術研究団体連合会 2013年12月＠香川大学等での発表資料から抜粋

第一章 地域と企業の共通価値を創造する"みらい創り"活動　129

Ⅳ 遠野みらい創りカレッジの設立

　夏キャンプにおいて対話を進めるうちに、コミュニティと自治体のみらい創りのイメージに微妙なズレが発生することがあります。このようなときには、具体的なみらい創りの場として遠野の多くのコミュニティが昔から果たしてきた"営み"に再度注目しました。それは震災時には支援拠点として演じてきた連携交流やコミュニケーション、そしてこの地で語り継がれてきた郷土を愛する人たちの文化資本の継承でした。

　かつて山奈宗眞は、"困窮している国土、地方、コミュニティ"をどのように救うかという、地域創生的な考えを具現化するための努力を惜しみませんでした。それは、凶作対策、教育振興を図るために、私設の農業試験場や図書館開設などの"場創り"となって具体的にコミュニティに示されました。そして、それを支持したコミュニティには、地域社会が自らの発展を"我が事"として捉え、その考え方を後世に伝えていくという自然の営みを互いに享受し合える信頼関係が構築されていたはずです。こうした考えを継承された遠野市の皆様と語り合いを繰り返すうちに、閉校になった「旧土淵中学校」の利活用という提案を、遠野市及び土淵地区の皆様から頂戴したのです。

　我々はこのご提案を受け、対話で抽出された課題解決の"場"として、閉校になった旧遠野市立土淵中学校をリニューアルして"遠野みらい創りカレッジ[14]"の設立を企画すること、そこでのプログラムをコミュニティと一緒に設計・実践すること、さらに、富士ゼロックスが運営の委託を受けることなどについて、行政とコミュニティに提案し、合意を得ることに成功したのです。

　このように、遠野みらい創りカレッジと運営プログラムの誕生には、「みらい創りキャンプ」を通じた地域の多様な方々との対話による"関係性の質向上"[15]が基盤となりました。

　その結果、プロジェクトを進めるための思考プロセスが次第に変化してきました。

　それは、遠野市および近隣でのふれあうように学ぶ場、その活動拠点として閉校を利活用して、平時より地域のみらいを創造する活動や民俗学研究・発

写真1　遠野みらい創りカレッジの外観（左）　カレッジHPから抜粋
写真2　講義室（旧音楽室）での学習の風景（右）東大サマーイノベーションスクール報告書から抜粋

信拠点としての活動を行うことで住民との信頼関係を醸成し、有事には防災拠点としてコミュニティを支援するというものでした。その後、コミュニティの課題に直結した「教育プログラムや研究テーマ」を開発し、災害時の後方支援拠点地域開発に向けた具体的な行動へと結びつき、以下のようなプログラムの運営方針が決定されました。

① 都市部交流人口を取り込み、地域の可能性と課題を認識することで解決プログラムの実践基盤を整備する
② 課題の解決プログラムを都市・地域が連携実践することで高い成果の確保と地域リーダーの育成を図る
③ 地域リーダーによる自立的な課題解決を側面支援し、プログラムの汎化を図り、全国に向け広く展開する

❖ みらい創りマネジメントの論理

これまで二つの異なる地域の事例で紹介させていただいたように、コミュニティが解決すべき課題が明確な場合においては、釜石医療圏で実施したように、その課題を解くための徹底した調査、議論そして実証等（HCD）を繰り返して、将来のユーザーが有益な仕組みを創造することを支援するマネジメントが有効であると考えられます。この場合は、HCDを理解し、課題解決に向

けた聞き取り調査や議論を効率よく効果的に実施できるような、"粘り強い調整型"のマネジメントが求められることがわかりました。

　一方、複雑な状況の中で課題発見が困難なコミュニティの場合では、遠野市で実施してきたようなコミュニティとの対話を基本とした、総意形成のプロセスをマネジメントすることが必要になります。しかも、単に対話のプロセスがスムースに行われるような調整型のマネジメントを施すのではなく、遠野で行われた活動（キャンプ）全体をコミュニティ・コーディネーターとともにリードし、設計・企画・運用・検証・定着に至るプロセス全体を理解したうえで、その個別プロセスが連携・連動するようなマネジメントを推進しなくてはならないことがわかりました。

　加えて、いずれの地域でも、筆者やプロジェクトリーダーが、最終的な成果や結果を得るためには、何よりもコミュニティとの関係性の質を高めたうえで、思考や行動の質を高めるというサイクルを理解し、コミュニティと共にそれらを効果的に循環させていく考え方が重要であることがわかってきました。

　この二つの地域での活動結果から得られた"コミュニティと企業が価値共創を実現するまでの組織的な活動"のマネジメントを「みらい創りマネジメント」と呼び、本章のまとめとして、その論理を示したいと思います。

　「みらい創りマネジメント」とは、コミュニティを構成するステークホルダーとの人脈形成から始まり、最終的にコミュニティの総意を形成するプロセスのマネジメントです。そして、そのマネジメントは、課題解決をめざす人々との関係の質を変革し、思考の質、行動の質を順に変化させ、取り組むべき課題の抽出を支援します。さらに、そのマネジメントは、課題に対する解決策をコミュニティの総意に基づいて導き出し、コミュニティが解決に向けて実践することを強力に支援します。

　つまり、遠野みらい創りカレッジでの活動のように、企業の経営組織の一部が、コミュニティ・コーディネーター及びコミュニティと一緒に、その課題解決の実践にあたる過程全体を組織的にマネジメントすることなのです。その中には、Community Centered Designをマネジメントすることも含まれています。

　これらは、企業の経営組織の一員である筆者自らが被災地の復興推進で実践してきたマネジメントですが、これまで自身が活用してきたマネジメントとは、

真逆の考え方でした。従来のマネジメントはあるべき姿に到達するという「結果」を求めることからスタートし、結果を求めるためにそのプロセスが設計されていました。しかし、今回のような特定が困難な課題に向き合った際には、まずは関係の質を向上させて、その地域の本質的な課題と向き合うというのがスタートとなるのです。この考え方は「システム思考での未来創造」[*16]として、組織の成功のモデルの中心的な命題としても扱われています。

釜石医療圏であれ遠野市であれ、コミュニティの総意形成を図る「みらい創りマネジメント」には、コミュニティの枠を超えた外部組織とのプロジェクト活動など、域内外との連携や交流促進を支援する効果をもたらすことが今回の取り組みでわかってきました。それは、遠野みらい創りカレッジにおいて、産学官が国内外からこれまでの研究や事業などの領域を超えて、連携や交流が盛んに行われていることからもわかります。その意味で、このマネジメントは、コミュニティ・コーディネーターやコミュニティを構成する関与者の実践知を集合化し、さらにその集合知を外部組織の実践知と集合化させることを推し進める原動力となるといえます。

従って、「みらい創りマネジメント」は、コミュニティだけでなく遠野市の課題でもあった「主体的に産業・技術・文化を伝承し、そこから新しい産業や教育を創造していくこと」を支援・実現することになったのです。そして、みらい創りカレッジは、「産学官・世代・地域・国境を超えて、互いに学び合うことを通じて遠野のみらいを創造する」ためのプラットフォームとしての役割を担い、そこで自然に生み出される連携や交流活動が、コミュニティと外部組織とのコミュニケーションを一層活性化させているのです。

❖ おわりに

災害時における後方支援拠点とは

ここでみらい創りカレッジのプログラム「災害時後方支援拠点研究」をご紹介させていただきます。

平成26年3月、政府の中央防災会議より発表された「大規模地震防災・減災対策大綱」では、国、地方公共団体、その他の防災関係機関が、広域的

な連携・支援体制の確立が必要であることが取り上げられています。そこには、必要な資機材等の物資、活動要員の搬送活動や被災地域における応急活動、復旧・復興活動の実施のための自治体間或いは民間企業との"相互応援協定の締結"等の体制の整備を図るとともに、応急活動から復旧・復興活動に至る国、地方公共団体、関係機関の役割分担や相互連携内容の明確化を図ることが提言されています。

特に、国、地方公共団体、その他の防災関係機関は、応急対策活動において、災害時の連携が困難になるおそれがある場合には、これらの機関の立地の集約化等の対策を講じることの重要性を提言しています。そして広域避難の実施が必要となる場合に備えて、地域ブロック内の都道府県間、地域ブロック間及び国レベルでの避難者の受け入れの調整の仕組を検討するように進言がなされています。

これらの提言や進言には、有事を睨んで平時から地域社会が水平的に連携し合い、重要な役割を果たす後方支援拠点の確保に当たることの重要性への示唆が含まれているものと判断できるでしょう。

内閣府のレポートによれば、「津波で甚大な被害を受けた沿岸部と、内陸部の中心市街地の中間に位置する遠野市に設けられた後方支援基地が、応援部隊や物資、ボランティア等の中継拠点として機能した」と説明しています。具体的には、自衛隊の車両600台、隊員3,500人が遠野市運動公園に集結し、被災地への救援物資の搬送は250回及んだことも明記されています。

首都直下型地震の場合、甚大な被害が予測されるのは東京23区（首都圏）ですが、この場合の後方支援活動拠点は、武蔵野市及び調布市といった市群になるでしょう。また、相模湾での津波による同時的被害においては、被災地は鎌倉市から藤沢、そして小田原市（神奈川県）にまで渡ることになるでしょう。その際の後方支援活動拠点は、南足柄市、相模原市といった市群になると考えられます。

一方、南海トラフ及び東海沖を震源とする大規模な同時多発津波被害においては、被災地は焼津市から名古屋市に至る太平洋沿岸地域であることが予測され、その際の後方支援活動拠点は、富士市、浜松市北部地域（静岡県）、そして大府市（愛知県）といった地域になるでしょう。

そして、大阪府、高知県、そして鹿児島県までを対象とした広域的な津波発生時には、京都市、高松市（香川県）や人吉市（熊本県）のような地域が後方活動拠点となることが考えられます。

　実は、これらの地域あるいはその近隣地域の多くが遠野市との友好あるいは姉妹都市であり、遠野市の活動を踏まえて、平時から有事を想定した地域社会全体での候補支援拠点活動構想が必要であるという研究が、1995年の阪神淡路大震災を契機に既に行われていることが注目されています。

写真3　後方支援拠点研究会でのシンポジウムの様子

　それらの地域が平時では互いに水平連携し合いながら互いに機能を高める訓練等を実施し、有事には復旧支援のネットワークを構築して災害復旧にあたるという、有事を意識した平時の緩やかな連携活動が必要になると考えられます。このような、後方支援拠点と成り得る地域や基礎自治体による研究会が、遠野市の呼びかけで既に開始されています。

　遠野みらい創りカレッジでは、平時から有事を意識した拠点開発が着手され、民間企業のノウハウと、自治体の水平連携が連動した"災害時後方支援拠点自治体研究会"が発足し、具体的な準備が進められています。

　この例に倣い、関東では南足柄市と富士ゼロックスグループが、関東大震災規模の被害を想定した、後方支援活動拠点計画の策定と拠点開発に着手することとなりました。それは地域を選定してその地域の課題を特定し、平時にはその課題を解決する取り組みを産官学が連携して取り組むことです。そして、有事には水平連携して機能的な復旧支援を実施できる地域創り（創生）活動と呼ぶことができるでしょう。そこでは、平時から訓練や研修、防災に関する研究や教育活動、そして物資備蓄や物流などが行われていれば、有事の際にはコミュニティ全体で被災地を支援することができるのです。

　この遠野での活動で得られたCommunity Centered Designと「みらい創り

マネジメント」から創出される仕事起こしモデルは、現代で中心となってきたB to B或いはB to Cの商流モデルから、B to Community或いはB to Societyへの転換の時代を迎えたことを示唆するものではないでしょうか。これまでの私人や私企業から公共人と公企業へと立ち位置を発展させた時に、コミュニティ中心の考え方は、従来の私企業、私人を包括しながら、地域という場の価値を新たに企業経営の方向性を示したとも言い換えることができるかもしれません。

　これによって、企業のビジネスは、私有の領域から、私有・共有・協同所有・民間の公共有・自治体や政府の公共有が重なり合った、重層構造をもつ「場」と向き合っていることがはっきりしてきたとも言えます。ここには、シュンペータのいうイノベーションとは別の意味での、新しい精神が生まれてきます。つまり、単なる貨幣価値の増加を共通の目的とした「諸要素の結合」ではなく、「市民一人ひとりの潜在能力を生かす公共目的」が共有されていて、一人ひとりの「出番」を合意の上で生み出す「コミュニティ総意の場づくり（みらい創り）」こそが、企業の成長戦略至上主義に代わる戦略的な核心となるのです。

　このような場から、一人ひとりの潜在能力を開花させる状況が生まれ、コミュニティ再生と企業発展が共生するための共通基盤が誕生します。これが、地域創生の本質なのです。

　このようなコミュニティ志向の企業家精神が市民一人ひとりの学びあい、育ちあいの場を創ることで、かけがえのない独自の文化がうまれるのです。そして、その魅力によって、人々の交流と賑わいが生まれて、企業における経済的価値の増加の機会が大きくなる、このような考え方を「みらい創り」或いは「みらい創りマネジメント」の中心において、私たちはカレッジの未来を創造してゆきたいと考えております。

注及び参考文献：

＊1 東日本大震災に関する被害状況に関しては、中央政府や民間のシンクタンクによるさまざまな分析が行われてきました。被災した企業が事業継続を果たすための活動としては、経営システムの専門家が示したレジリエンシー（復元力）に焦点を当てた情報システム的なアプローチなどがあります。また、日本大学の大場允晶先生と筆者の共著により、「サプライチェーンにおける震災の間接被害の実態と対応策」を発表し、事例分析を試みています。しかし、コミュニティが解決すべき課題を特定したうえで、その解決策について踏み込んで調査し、そのコミュニティへフィードバックするような研究例は殆ど見られないのです。
＊2 髙橋正道・涌井美帆子他、FXテクニカルレポート「コンタクティビティ活動」2013年9月。
＊3 Michael E. Porter and Mark R. Kramer, "Creating Shared Value: Redefining Capitalism and the Role of the Corporation in Society", Harvard Business Review, January–February, 2011.
＊4 商品やサービスを利用する人間（顧客）に密着したモノづくりをしようというもので、ISO9241-210: 2010では以下のように定義されています。"Approach to systems design and development that aims to make interactive systems more usable by focusing on the use of the system and applying human factors/ergonomics and usability knowledge and techniques" 従って、しばしばユーザー中心設計と言われることもあります。
＊5 沖テクニカルレビュー「人間中心設計（HCD）の開発プロセスへの組込み事例」2004／第199号 Vol.71 No.3
＊6 釜石市総務企画部編『釜石市情報瓦版』2014年1月7日。
＊7 WHO公式レポート「東日本大震災、遠野市による被災地支援の記録」2012年4月。
＊8 遠野市総務部／防災危機管理課『3.11東日本大震災 遠野市後方支援活動検証記録誌』
＊9 三陸地域地震災害後方支援拠点施設整備推進協議会が策定されました。後方支援拠点の想定施設としては、臨時ヘリポート・野営地及び駐車場、後方支援棟、備蓄倉庫・資機材倉庫、多目的利用スペース、給水装置・トイレ、航空燃料供給体制）などの確保が必要とされています。
＊10 後方支援拠点に関する研究の中で代表的なものは、遠野市について長年研究を重ねてこられた法政大学の岡崎昌之先生による「地域づくり組織の方向について（2012.12）」があげられます。岡崎先生は、「被災地の復旧・復興をはかることは、まさに"地域づくり"そのものである」とし、遠野市及び遠野市が連携、支援した三陸沿岸諸地域での状況を分析されています。そして、その遠野市と平時から交流があった武蔵野市（東京都）、川上村（長野県）、菊池市（熊本県）、西米良村（宮崎県）、大府市（愛知県）が支援したことをとりあげ、平時からの自治体間の水平連携が重要であることを示されています。
＊11 Allen, T. J., "Communication Networks in R＆D Laboratories", R＆D Management, Vol. 1、No.1, pp.14-21, 1970
＊12 野中郁次郎・紺野登『知識創造の方法論──ナレッジワーカーの作法』東洋経済新報社、2001。
＊13 「知識や知恵は、機能的な会議室の中で生まれるのではなく、人々がオープンに会話を行い、自由にネットワークを築くことのできる『カフェ』のような空間でこそ創発される」という考えに基づいた話し合いの手法。1995年Juanita BrownとDavid Isaacsが開発・提唱した。さまざまな工夫を凝らした空間で話し合いを行った結果、創造性に富んだダイアローグ（対話）を行うことができたことが始まりとされる。
＊14 富士ゼロックスが遠野市と合同で行った"みらい創りキャンプ"の成果として、2014年4月から閉校となった旧遠野市立土淵中学校を活用して設立された市民を中心に外部と交流して"触れ合うように"学ぶ場のこと。
＊15 Daniel H. Kim. "Organizing for Learning: Strategies for Knowledge Creation and Enduring Change", 2001
＊16 ピーター・M・センゲ、『学習する組織──システム思考で未来を創造する』英治出版、2011年6月。

第二章
地域のみらい創りに必要な技術

富士ゼロックス株式会社　コミュニケーション技術研究所

❖ 廃校となった校舎──息を吹き返した日

　2014年4月8日、岩手県遠野市の廃校となった元中学校に、朝から続々と人が集まってきました。小学生や地域の住民の方々、教育や行政に関わる方々、都会の企業の方々、市長など、さまざまな人が集まっています。その数およそ250人。講堂のような音楽室を訪ねてみると、そこでは大学名誉教授による地域固有の伝統文化を今に活かす方法についての講演が行われています。一方、オープンスペースのようになっている図書館に足を運んでみると、そこでは地域や企業の方々と小学生たちが、一緒になって地域で実現したい夢について話し合っています。少し前には体育館で記念の式典と小学生による遠野物語のお披露目が行われていたようです。他にも、体育館で小さなラジコンヘリが飛んだり、外で地域の伝統芸能である神楽が舞ったり、紅白のお餅が撒かれたりと、学校全体がにぎやかなお祭りムードに包まれていました。

　この日は、一度はその歴史に幕を閉じた中学校に、新たな歴史が刻まれた記念すべき日でした。遠野市と富士ゼロックスの協力の元、「遠野みらい創りカレッジ（以下、カレッジ）」[*1]が開校したのです。カレッジは、地域の発展と人材育成の拠点、及び有事の防災拠点として、地域資源である閉校を再利用する形で創立されました。両者が協働でプログラムの構築・運営を担い、対話や体験などを通して、地域の発展、文化保護、産業創出、人材育成などに結びつける活動を実施しています。

　カレッジの開校には、私たち（富士ゼロックス研究技術開発本部　コミュニケーション技術研究所）がこれまで培ってきたさまざまなコミュニケーション技術が関わっていました。本章では、私たちが取り扱うコミュニケーション技術で地

写真 4-7 開校式の様子

第二章 地域のみらい創りに必要な技術　139

域の課題を発見し解決しようとした理由、そして遠野市でその技術を活用して課題を発見し、解決の糸口を見つけ出した経緯についてご説明します。最後に、これからの活動の展望を語り合いましょう。

❖ 今、求められる「地域社会と企業の共通価値」

　近年、企業が自社の利益を出すためだけに商品やサービスを生産し販売する、という考え方は社会に通用しなくなってきました。多くの企業は、社会的な責任を果たすことを目的として、CSR（Corporate Social Responsibility：企業の社会的責任）の考え方を経営に導入し、それを推進するCSR部を設置してきました。CSR部には、公正な事業及び労働慣行、格差社会是正への投資などの人権の尊重、CO2削減など環境に関する法律・条例の厳守、文化事業への貢献など、さまざまな仕事があります。震災後の復興支援に積極的に取り組んだのも、この部門が中心でした。

　ところが昨今、経営戦略論の分野を中心として、従来のCSRに加え、自治体やNPOなどの市民団体と連携して社会的なニーズに取組み、資金を出し合ったり、組織間で協定を結んだりして、両者の共通価値の実現を追求すべきだという考え方が生まれてきました。「共通価値の創造（Creating Shared Value：CSV）」という考え方です[*2]。

　震災復興・環境負荷低減・高齢化社会など、社会課題は因果関係や利害関係が複雑に絡み合い、解決が容易ではないことが多くなったと言えるでしょう。CSVでは、このような社会の課題に対して、企業が事業との接点を見出し、それらの解決と利益の追求を両立することによって、社会と企業が共に成長できる状態を作り出すことをめざします。

　そのためCSVのアプローチでは、企業は私益追求によって株主に配当をもたらすよりも、市民とともに地域社会の課題に立ち向かい、それを解決する組織としての側面が優先することになります。その結果として、企業は市民の信頼を得て、市民の必要とするもの、つまり社会的なニーズを理解することができます。このようなニーズに応えるために、企業が持つ人材、ネットワーク、ノウハウを活用することにより、それまでは見えていなかった新たなビジネスを起

こすチャンスが生まれます。

　この過程で、信頼関係に基づく市民との対話が生まれます。この対話は、既存の商品・サービスの改善だけではなく、新しい商品・サービスの開発のカギとなります。さらに、複数の企業が市民との対話の場に参加すると、そのような活動がさらに促進され、商品の参入や公正競争のための場が生まれ、市民経済の持続的な発展が実現可能となります。

　共通価値を創造するためには、社会に存在するさまざまな利害関係者と共通価値を探り、それを実現するための行動を起こす必要があります。しかし、共通価値を創造する際の障壁として、集まった人々の立場や背景の違いから生じる意見の食い違いはおろか、そもそもコミュニケーション自体が始まらないことも考えられます。これらのコミュニケーション課題を解決すれば、企業や社会はもっと共通価値を実現できるのではないか……私たちはこのような考えのもと、共通価値の創造に必要なコミュニケーション技術と価値が生み出されるプロセスに関する研究をしてまいりました。

❖ 共通価値の創造に必要な「みんなの意見」

　私たちは、共通価値の創造には、以下の二つの活動が必要であると考えています。

①共通価値を生み出す課題を発見する活動
②発見した課題を解決し、実際に価値を生み出す活動

　なぜなら、社会的な課題だと思ってその解決に向けて取り組んでも、実はもっと重要なことがあるとの意見が後から出てきたり、社会または企業の一方的な価値につながったりすることが多いからです。復興支援の活動でも、課題解決後に地域からの納得感を頂けないことも多いと聞きます。企業は獲得した予算で潤っても、さほど地域貢献にはなり得なかったりするのでしょう。これでは共通価値を創造したことにはなりません。

　ではまず、どうすれば共通価値を生み出す課題を発見することができるので

しょうか。私たちはこれまで、遠野の地域住民の方々と、対話の場を持ちながら課題を発見し、発見した課題を解決することを目的に、カレッジを一緒に創る活動に取り組みました。しかし、当初は、「カレッジを創ろう」という共通の目標を持った活動が始まるとは、誰も予想していませんでした。ではなぜ、予想もしなかった共通の目標が発見できて、ともにそれを実現しようという道が拓けたのでしょう。

　その一翼を担ったのが、私たちが保有する「みんなの意見[*3]」を生み出し、行動につなげるコミュニケーション技術でした。

　私たちは、遠野をはじめとする地域で活動する前から、これらのコミュニケーション技術に関する基礎研究を行ってきました。例えば、2011年3月11日に起きた東日本大震災の時には、国の施策と会社独自の方針による計30％の電力消費量の削減のため、日々の業務活動を根本から変化させる必要がありました。そこで私たちは、組織内の知識を交えて、省電力かつ創造性に溢れる働き方を探る対話を行いました。そして、どのような対話を行えば、課題の発見とその後の実践が行われやすいかを調査する研究などを行ってきました[*4]。

　このような基礎研究で得られた知見を地域コミュニティに展開し、企業や地域に関わる地域課題を「みんなの意見」として発見し、解決に向けた活動を実践する方法の研究に乗り出しました。私たちにとってもこれは初めての試みでした。

　当時、企業が他企業や大学などとつながり、それらの持つ技術やアイデアを組み合わせ、従来にない新たな事業の創造や技術開発をめざす活動が増加していました。しかしそれらの多くは単発的な活動のみで収束してしまい、なかなか大きな成果を出すことができませんでした。そこで私たちは、外部の人々とつながり大きな成果を出すためには、それらの人々と継続的につながりながら共に活動を行い、それらの活動を行う中でさらに新しいつながりを作ること、すなわち「活動を通してつながり続ける」ことが重要なのではないかと考えました。

　そこでその考えを確かめるべく、神戸市（兵庫県）や人吉市（熊本県）で、地域の方々とともに地域の価値や課題を探る活動を実施しました。私たちの関連会社や地場の企業の方々など外部の人々を集め、地域の本質的な価値

や課題を「みんなの意見」を使って探る活動を実施したのです。

　震災後20年目を迎えた神戸市の方々とは、未来の在り方について対話を繰り返し、地域の人々が主導的に将来の暮らし方や産業構造の在り方などを話し合う場、"フューチャーセンター"創りを側面からご支援することができました。この神戸での研究では、"みんなの意見"を軸に、「震災以降、地域主導で新しい産業が創造できていない」という地域が取り組むべき課題を得ることに成功したことで、"フューチャーセンター"という場の開設（解決の糸口）に至ったのです。

　同じ時期、神戸で活動を共にすることになった神戸松蔭女子学院大学とのご縁で、熊本県の人吉市の皆様と知り合う機会を得ることができました。人吉の皆様とはこれまで近しい関係を持つ機会がありませんでしたので、神戸でのリサーチで得られた"地域との関係性を高める"活動に主眼を起き、地域のお祭り（おくんち）などに積極的に参加しました。神戸松蔭の学生さんたちのお陰で、我々もしっかりお祭りに溶けこむことができました。さらに、地域のコーディネーターと連携して、コミュニケーション技術の効果を確認しながら、対話によって多くのみんなの意見を集めることができました。

　残念ながら、遠野での活動が始まったこともあって、取り組むべき課題を発見するまで活動を継続することができませんでしたので、その後の活動は神戸の学生さんたちに委ねることになりました。その結果、人吉をはじめとする九州で、多くの観光産業振興に役立つ活動（解決の糸口）に結びついているという嬉しい報告を頂いております。

　これら地域での研究を重ねた結果、私たちの技術、その中でも"みんなの意見"を集める技術によって「地域社会の課題が発見できる」ということがわかりました。また、地域や組織の"みんなの意見"を集約していくためには、我々が中心的に扱っている"対話"の技術が効果的であることが証明されました。

　さて、次に、どのようにすれば、その課題を解決し、実際に価値を生み出すことができるのでしょうか？　これにも"みんなの意見"欠かせないことがわかってきました。

　課題の解決に向けた実践（＝価値を生み出すこと）を行うためには、まず"み

んなの意見"を基に、取り組むべき課題に真摯に向き合うこと。地域の多様な市民・研究者、そして企業が手を取り合って解決に向けて協働作業をしなくてはならないこと。そのために必要なプロセスをしっかりと"みんなの意見"でつなぎ合わせること。もし、それでも具体的な解決策を見出したり、解決に向けた活動が実践できなかったりした場合は、再度課題発見のプロセスに立ち戻り、価値を生み出すまでに必要な段階を、ひとつずつ丁寧に積み上げる必要があることがわかったのです。

　神戸や人吉の方々との対話を通じてわかったことは、一気にはその解決策にはたどり着けないということでした。しかし、地域の方々と、徐々に関係性を高めながら、課題解決に向けて一緒に行動を続けることで、解決に向けた糸口や場創りが発見できるということがわかったのです。それは、"みんなの意見"を集めながら「活動を通してつながり続ける」ということを通じて、得られる成果だったのです。

　私たちは、このような活動に必要なプロセスを以下の四つに絞り込み、「課題の特定と解決に必要なプロセス」と位置づけることとしました。

①大きなテーマで人間ネットワークを形成する段階
②重要な課題を発見・特定する段階
③課題の解決策を世間に通用する形に具体化する段階
④世間に通用する解決策を定着・普及する段階

　地域課題の発見と解決には、多様な市民と企業が手を取り合って、これらの段階をひとつずつ丁寧に積み上げる必要があるのです[*5]。

❖ 価値を生み出す場：遠野みらい創りカレッジの誕生

　カレッジは、この四つの段階を着々と積み上げた結果生まれた"課題解決を実践する場"です。市民と富士ゼロックス両者による最初の大きな成果でした。

　以降では、カレッジが生み出された経緯を示しながら、遠野の地域コミュニ

ティと富士ゼロックスが、どのように四つの階段を上ってゆき、課題を発見し、価値を生み出す場が創られたのかをご紹介します。

❖ 第一段階：大きなテーマで人間ネットワークを形成する

　最初は大きなテーマで人間ネットワークを形成する段階です。大きなテーマとは、多様な人が興味関心を持つことができ、かつ自身の言葉でその内容を語ることができるテーマです。また、ここで言う人間ネットワークの形成とは、一人ひとりが自身の興味や関心に基づき、今後一緒に活動していくかもしれない仲間と対話しながら、人とのつながりを作っていくことを表します。

　この段階には「対話」と「対話内容をふまえた行動」の二つの活動が含まれます。まず「対話」では、仲間のつながりを支援すること、遠野の魅力や可能性を探究することを目的とした対話を設計し、地域住民や地域外からの参加者を招いて実施しました。まず全員が輪になり、一人ずつ「今の率直な気持ち」を共有した後、「私が体験した遠野の魅力とは？」や「私が大切な人たちに伝えたい遠野の魅力とは？」という大きなテーマで対話を行いました。一人ひとりが他の参加者の多様な意見を聞いたうえで、「私が大切な人たちに伝えたい遠野の魅力」を表現する制作物を作り、展覧会を行いました。

　地域住民の方々には「外の人と遠野についてたくさん、長く話すことは少ないので、楽しかった」「最初は緊張していたが、徐々に言いたいことが言えるようになった。終わりの方はもっと話したいし聞いてみたいという気になった」などのコメントをいただきました。

　しかし、この時点ではまだ解くべき地域課題は明らかになっていませんでした。

　そのため、「対話内容をふまえた行動」では、もっと多くの方とつながって解決すべき地域課題を明らかにするために、行政の方にお願いして市役所に席を確保していただいたり、実際に民泊を利用させていただいたりすることで、農家や林業の実情を伺うことができました。

　このように、遠野の生活とふれあい、住民の方々と対話することを通じて、生活を送る上での地域の課題や住民としてのご意見をお聞きしました。そのな

写真 8、9　対話の様子（上）と制作物の例（下）

かで、地域住民の方から、都市の人たちと交流して自分たちの知見や文化を高めるきっかけにしたい、というご意見が出てきたのです。都会の人たちが家に泊まりに来たりして、いろんなことを聞くのが楽しい、勉強になるというのです。

　また、私たち自身も、都会の企業に勤める方が遠野に訪れることの価値を実感していました。遠野という土地は、外来の方々や文化を遠ざけるようなことはせず、温かく迎えてくださるというお話は聞いていたのですが、これは事実でした。また、遠野の方々の日常生活には、都市に住む私たちにとっては学びに溢れていました。例えば自宅に隣接する馬小屋で馬を飼っている方、自宅の土地で酪農を営んでいらっしゃる方などの生活は全てが新鮮でした。またその方々から伺う震災の影響などは、生活に密着しているが故に、考えさせられるものばかりでした。

　私たちはこの両者がともに価値を得られる活動を作るため、自分たちは何ができるのかを考えました。そして、「遠野は都会の企業人が研修に訪れ"農村生活や自然環境に触れて成長する場"、つまり"人材育成"の場として有効な

のではないか」という考えを持ちました。このような場ができれば、住民の方々は、継続的に都会の人々が訪れることによって対話の機会を得られ、企業人にとっても普段とは異なる環境の中で大きな学びを得られるのではないかと感じたのです。

この考えを確かめるために、研修担当部門である教育部と遠野を回り、民泊などを経験しながら"人材教育"の可能性を一緒に探る次の段階に臨みました。

❖ 第二段階：重要な課題を発見・特定する

二番目は重要な課題の発見・特定を行う段階です。この段階では、課題に対する具体的な共通価値を参加者間で共有し、その実現のために一緒に活動していくチームを作ります。

そこで「対話」は、遠野の魅力を伝える企画を、参加者一人ひとりが検討する場として設計しました。まず、ひとりずつ今の率直な気持ちを話した後、「みらいに残したい遠野での体験とは」について対話しました。次に、①自分が盛り上げたいテーマ、②そのテーマと「みらいに残したい遠野での体験」とのつながり、③そのテーマを盛り上げる上でのお困りごと、の3点を各自が画用紙に記入し、その後ペアを作りお互いの記入内容に対してアドバイスをし合う、という対話を複数回行いました。

この対話には富士ゼロックスの教育部も参加し、自分が採り上げたい課題として「対話をベースとした新しい社内研修プログラムの開発」などを挙げました。その課題に対して住民の方や行政の方にアドバイスをいただきました。その結果、企業の教育に遠野という現場は有効である、推進する価値がありそうだという意識が参加者間で共有されました。同時に、それは住民にとっても価値があるものだということも再確認できました。このように、私たちの考えと住民の考えとが一致し、企業研修の場としての活用に本格的に取り組むことが決まっていったのです。企業研修の場づくりによって、遠野と都会企業との交流の場を産み出す。地域と企業の解決すべき共通課題が「みんなの意見」によって発見された瞬間でした。

さらに、発見した課題を解決し、世間に通用する形に具体化するため、「対話内容をふまえた行動」が開始されました。具体的には、「2013年度の弊社の新入社員研修を遠野で実施する」という目標の実現に向けて、遠野のNPO職員、市職員、弊社教育部、私たちなどの多様な人々が集まり、新入社員研修実施のためのチームが作られました。共通課題が発見されただけでなく、課題解決に向けた行動を起こすための活動が開始されたのです。

❖ 第三段階：課題とその解決策を世間に通用する形に具体化する

　三番目は、取り組むべき課題とその解決策を世間に通用する形に具体化する段階です。取り組むべき課題とその解決策を具体化することによって、それまで活動に参加していない人を含む多くの人々に課題の重要性が理解され、その解決に向けた行動が促進されます。

　分かり易く言えば、みんなで取り組むべき課題がこれでいいのか、その解決策はこれでよいのか、"みんなの意見"を基にその課題に実際に取り組む人々と解決に向けた行動を起こすために、その課題や解決策を具体化して相互に理解を深めようとすることなのです。なぜこのような段階が必要なのかといえば、これが行われないと、課題解決に向かって取り組む人々の間で、疑問や不安感、或いは不信感が生じることがあるからです。つまり、"誰もが分かる形に"或いは"実際にやって見るような塩梅に"してみる、という活動が解決をめざした協働作業の前には必要なのです。

　冬から春にかけて、新入社員研修実施という目標実現のために生まれたチームは、着々と対話と行動を積み重ねていきました。釜石では地元の医師や市職員など、遠野では市長をはじめとした行政、高校、観光施設などの関係者に対して研修への参加を呼び掛け、一つずつ課題をクリアしていきました。

　その結果、4月中旬には、261名が参加した新入社員研修が実現しました。新入社員は3日間現地に滞在し、フィールドワークや地元の高校生や住民との対話を経験したうえで、地域が抱える課題に対する提案を行いました。

　本研修には肯定的なフィードバックが多数寄せられました。また地域に対する46の提案が生まれました。その中には、「被災地に大学を」「過疎地域への

写真10 対話の様子と教育部が挙げたテーマ

写真11
新入社員研修における対話の様子

ライフスタイルの提供」「次世代につなげるきっかけ創り」など、地域のみらい創りに関する提案も含まれていました。第二段階で発見した課題が、それを具体化する過程でさらに明確になり、かつ多く人々の間でその重要性が理解されたのです。

❖ 第四段階：世間に通用する解決策を定着・普及する段階

　四番目は、具体化した課題を解決する活動を地域に定着・普及させていく

段階です。実際にはこの段階になっても、魔法のように解決策が飛び出すわけではありません。あくまで、具体化された解決策をみんなで考え、そのための行動を起こさせるような"試験的な段階"と言い換えても良いかもしれません。しかし、この定着・普及の活動の過程で、新たな人間ネットワークが生み出されます。一緒に解決に向けて行動を共にしよう、という人々との関係性が新たに生まれるのです。

　遠野では、新入社員の46の提案を元に、「遠野に滞在しながら学び続ける拠点」として、カレッジの前身となる「みらい創りラボ（実験の場）」の設置を市長に提案し、了承を得ることができました。

　さらに、みらい創りラボでさまざまな活動を行った後、遠野全体をキャンパスとした「カレッジ」の構想を市長に提案致しました。この提案が了承された結果、冒頭の遠野みらい創りカレッジ開校につながったのです。その結果、市役所のプロジェクトチームとの協働作業の中で、新たな関係性が構築されました。この関係性は、カレッジの運営面で大いに生かされていると聞きます。

　この承認過程は、第一章で示された"地域社会中心設計（Community Centered Design）"で詳しく説明されていますが、これは我々の研究をベースに生み出された概念です。基礎研究によって地域の課題が関与者全員で共有化されたことで、解決策を普及させる具体的な設計段階へ進むことができたのです。

❖ 共通価値の創造に向けて："夢を起点としたみらい創り"

　カレッジは開校したばかりであり、今後も地域の人々を中心とした新しい学び（研究教育）の拠点としてさらなる発展が求められます。そのためには、再度第一段階から活動を開始し、多様な人や組織と人脈を形成し、多様な視点から課題を探ることが求められます。この活動に終わりはありません。これらの活動を繰り返し、遠野が取り組むべき本質的な課題を特定し、それらを解決していく過程で、企業の技術力やカレッジでのダログラムの価値が高められ、質の高い共通価値創造の実現をめざします。

　そのために私たちが現在取り組んでいるのが、カレッジ開校をきっかけとして

生まれた新しい共通価値創造活動である"夢を起点としたみらい創り"です[*6]。

　この活動は、前述の新入社員研修の活動を地元の新聞で知った中学校の先生が、知り合いの市職員の方に「自分の学校でもあのような活動ができないか」と持ちかけたことから始まりました。この市職員の方の働きかけにより、中学校の先生と私たちとの人脈が形成されました。

　最初に中学校の先生からいただいたリクエストは、「生徒のプレゼンテーション能力を向上させたい」というものでした。しかし、先生方、私たち、市職員の方を含めた多様な人々による対話を進めるうちに、先生方が本当に実現したいことは、「ふるさとに学び、ふるさとを語れる遠野人の育成」という学校の教育目標に則した生徒を育てることだと分かりました。さらに、生徒のやる気を引き出し、生徒が自らふるさとに学び、ふるさとを語れるようになってほしいとの想いから、生徒自身の夢とふるさとにおける学びをつなげたテーマ、「夢を起点としたみらい創り」が生まれました。このテーマを実現するため、前述の「課題の特定と解決に必要なプロセス」に照らし合わせて、以下の四つのプロセスを先生方や生徒さんと一緒に作っていきました。

①夢を語り合う・夢でつながる
②夢を深掘りする
③夢と地域をつなげる
④地域・企業に発信する

　最初の「夢を語り合う・夢でつながる」では、「自分の夢や興味のあること」をテーマに対話会を実施しました。ペアになってお互いに自分の夢を紹介した後、グループでテーマについてじっくり話しました。
　「夢を深掘する」では、「みらいの私」をテーマに対話会を実施しました。体育館の床に中学校・企業・クラウドソーシング[*7]から抽出した、多種多様な人物像が書かれたカードを約3,000枚並べ、その中から自分がなりたいと思う人を選びました。
　その後、カード選んだ理由を友達に紹介したり、カードを交換するゲームを

写真12:「夢を起点としたみらい創り」集合写真

行ったりしました。それらの作業を通して自分の手元に集まったカードを参考に、「20年後の私の一日」をイメージし、作文しました。最後は、20年後の私を一言で表現しました。

「夢と地域をつなげる」では、まず学校の職場体験の機会を活用して、地域のさまざまな職場で仕事を体験し、地域の仕事に対して多くの学びを得ました。その上で、職場体験を振り返る対話会を実施しました。体験先で経験した仕事が、誰の何のために必要な仕事なのか考えました。そして考えた内容をお互いに共有し、他の生徒との捉え方の違いから仕事のさまざまな側面に気づきました。そして、職場体験とこれまでの対話会で考えたことを振り返り、将来の自分を一言で表現しました。このように、職場体験で得た地域の仕事に対する経験と、対話会で深堀した自分の夢とをつなげる活動を実施しました。

最後の「地域・企業に発信する」では、これまでの対話会の成果を、地域の方々が集まる中学校の文化祭やカレッジにおけるイベントで発表しました。生徒たちは、対話や体験を通して得られたことや「20年後の私」を多くの方

に向けてプレゼンテーションしました。また、修学旅行の一環として弊社の研究拠点に来ることが決定するなど、今後企業の方々に発信する機会も得られています。このような活動を通じて、自身の夢に対する支援者や応援者を集め、自身の夢の実現に向かって一歩を踏み出す機会を作っています。

❖ みらい創りの未来へ向けて

　これまで、カレッジが生まれた経緯に触れながら、地域課題を対話によって発見し、その解決に向けた実践を行うための四つの段階について紹介してきました。多様な人が集まり、対話し、仲間を見つけ、課題解決に向かって行動していく様子が少しでも伝わりましたら幸いです。

　遠野ではこの他にも多様な活動が生まれています。この項の末尾で事例として示した神戸の大学と取り組んだ地域ブランドづくり[*8]や、馬農家さんが遠野の馬文化を伝えるために立ち上げた「馬看板」プロジェクト、遠野の伝統野菜を守り広めるプロジェクト、林業再生を目的とした馬搬の活用プロジェクト、地域活性イベントを実施するプロジェクトなど、活動の目的もそこに関わる人々も多種多様ですが、遠野のみらい創りは現在進行形で着実に進んでいます。

　今後、私たちは、遠野で培ったみらい創りの活動を、日本各地に広めようとしています。既に活動が始まっている地域もあります[*9]。今後も新たな地域に赴き、遠野で得た知見を活かしながら、地域のみらい創りを行っていきます。

　みらい創りを全国に広めるには、活動を主体的に実施する人の存在が不可欠です。私たちは活動のサポートを行うことはできますが、やはり中心になって活動を引っ張っていくのは地域の人々です。地域の人々が自身の想いを起点に、地域のために活動を起こしていくからこそ、その人の元に人が集い、新たな価値を生み出しやすくなるのです。

❖ みらい創りカレッジの未来

　最後に、市民大学院の池上先生、そして、みらい創りカレッジの方々と一緒に考えた「みらい創りカレッジの未来」について述べたいと思います。研究の

成果というよりも、カレッジに期待することといったほうが良いかもしれません。

　いま遠野みらい創りカレッジでは、市民大学院の方々とのコラボレーションや、遠野の民俗学研究の伝統を踏まえつつ、大災害復興支援活動の経験を踏まえた後方支援拠点研究、健康長寿社会の実践、馬文化の再生活用などを含む、遠野の産業の創造的な発展などの大きな研究課題と、それらの教育システムの構築に取り組まれています。そして私たち研究所のメンバーも、遠野の産業や教育に役立つことを目的とした研究を継続しています。これらは、地域の課題を解決する手段ですが、カレッジのプログラムの中で実践されて初めて、地域社会と企業や研究者間の共通価値創造が実現されます。

　地域やカレッジの皆さんと話し合って痛感するのは、遠野が伝統文化の継承発展の中で、人々の間に蓄積されてきた文化資本、すなわち、技や文化の厚みを人から人へと継承して創造的に発展させていく仕組みが重要だということです。その意味でこの学びの場は、従来の学校とは違って、遠野郷の人々の山・里・暮らしにおける「人が持つ無体財産」やそこから生み出された「有形資産」を大事にしつつ、文化財のような学舎において遠野の匠・経済人・市民の技や文化を交流する場として、絶えず新たな研究課題を明らかにして継続的に共同研究を行うのに最適だと考えています。

　ここでは、産・学・官のネットワークによって「遠野でなければできない新たな研究成果」を生み出しながら、その成果を出版や教育の現場で生かさねばなりません。地域で扱われる価値の共有はそうして生まれます。そして、このカレッジで"学びあう"というイメージは、例えば教える側は、いわゆる知識人や偉い人ではありません。文化資本を持って産業文化資産（農山漁村の特産物を含む）や文化財を生み出してきた遠野郷の達人であり、彼らを敬い・慕い各地から遠野郷に集まる企業人や共同研究者なのです。

　遠野市民は、柳田國男によって民俗学の故郷として世に出ましたが、その基礎に、山奈宗真・伊能嘉矩・佐々木喜善・鈴木重雄などの貴重な業績があります。また、災害復興支援においても貴重な人材を輩出し、最近では地元の職人の層の厚さに加えて、多くのIターン、Uターン各位の経験と学識が蓄積されています。

　これらの各位が、富士ゼロックスの人材や、京都をはじめとする各地の学術

人・経済人・市民と交流しつつ、共同研究を積み上げて成果を世に出す中で、多くの教師が生まれることは確実です。そして、この地を愛する多くの若者たちが、このカレッジを活用され、世界に通用する人材として成長されることを心から期待しています。みらい創りカレッジが、これらの実現に向けて、今後も地域への価値提供へ向けて継続的に活動を実施していかれることに対し、研究所メンバー全員が応援させていただきます。

　最後になりましたが、今まで私たちの活動にご参加いただいた地域のみなさま、関係者のみなさまに心より感謝いたします。みなさまのご協力なくしてはみらい創りの活動は生まれませんでした。この場を借りて感謝申し上げます。今後ともどうかみらい創りの活動をよろしくお願いします。

*参考事例紹介：地域ブランドづくり

　カレッジや"夢を起点としたみらい創り"以外にご紹介したい事例として、神戸の女子大生による地域ブランドづくりがあります。地域ブランディングを研究する彼女たちは、地域ブランドの可能性を探り、それを発信する商品やサービスを作るという目的で活動を開始しました。

写真13 「地域ブランド作り」試作・試食会の様子

　まず現地でのさまざまな体験を通じて、遠野の魅力や課題を探りました。遠野の地域資源である馬を見学したり、ホップ農家の畑で生産についての話を伺ったり、民泊を通じて郷土料理を楽しんだり、語り部が語る物語を聞いたりしながら、全身で遠野の文化を体験しました。またみらい創りキャンプにおける対話でも、地域の多様な方と人脈を作りながら、遠野の魅力や課題についての話を伺いました。

　その中で「外から来た人たちに喜ばれるお土産が少ない」という課題があることを知りました。そこで彼女たちは、これまでの体験や対話を通して得られた遠野の魅力を伝えるお土産を作ることで、地域ブランドを向上させる活動を開始しました。

　最初に、既存のお土産を調査するために、観光協会や道の駅の調査を実施しました。またみらい創りキャンプにおける対話でも、お土産作りを自身のテーマとして採り上げ、地域住民や域外の方々から遠野のお土産に対する要望を伺っていきました。その結果「遠野の既存のお土産には和菓子が多い」「手土産にできるお菓子がほしい」「日持ちは重要」など、新たなお土産を提案する際に参考になる意見を得ることができました。

　それらを活かしたお土産を試作し世間に通用する形に具体化するため、地域の方々のご協力の元、試作・試食会を実施しました。試作・試食会では、彼女たち自身がみらい創りキャンプで築いたつながりを活用して、民泊関係者、地元農家、レストラン経営者、地元企業、NPO職員、市職員などの多彩な方々をお呼びしました。場所に関しても、市職員とのつながりから、地域の市民センターをお借りすることができました。彼女たちのアイデアを地域住民と一緒に試作することで、特産品の調理方法に関する知恵などをいただきながら、レシピの改善を進めることができました。このように地域住民のアイデアを盛り込むことで、お土産に地域性が生まれました。

　その後さらなる改善やアイデアの絞り込みを行い、その成果をもって、地元農産物の

生産・加工・販売を行っている地元企業に提案し、協業が決定しました。この地元企業とのつながりも、みらい創りキャンプで出会った方から生まれました。

　以上のような、地域の方々との対話、試作、つながりが活動を動かし、新しいお土産の製造販売が実現しました。道の駅やカレッジでの試験販売の様子は、地元のTVや新聞でも報道され、地域に広く発信されました。お土産作りのプロジェクトは、今では私たちの手を離れ、これらの価値をさらに向上させるための新たなつながりを求めて活動が進められています。

　本文内でもご紹介しましたが、私たちは、「みんなの意見」を生み出すために、「対話」を手段として活用しています。具体的には、ホールシステム・アプローチをベースに、地域の文脈に合わせた対話をその都度設計し、実施しています。ホールシステム・アプローチを用いた対話はさまざまな地域で盛んに用いられていますので、みなさんも耳にしたり参加されたりしたことがあるかもしれません。私たちはこれらの手法をベースとし、必要に応じてアレンジを加えたうえで「みんなの意見」を引き出そうとしています。

　対話には、ともすれば発言力の大きい方の意見に流されてしまったり、人前で話すのが苦手な人の意見が出にくくなってしまったりするなど、意見が偏る危険性が潜んでいます。意見が偏ると、「みんなの意見」の効果が十分に発揮されません。また、ひとつひとつの対話プログラムのつながりがきちんと設計されていないと、前に話した対話内容が次の対話に活かされず、成果が積み上がりません。それらを考慮し対話の場を設計していきます。多くのことに配慮しますが、例えば以下のようなことに気をつけています。

・対話のテーマに関連しそうな多様な参加者をお呼びする（意見の多様性を高めると同時に、既存の組織の権力関係を弱める）
・対話のテーマを、全員が自分を主語として話せるものにする（どこかで仕入れた情報ではなく、自分の考えを話せるようにする）
・話すことだけでなく、聴くことに意識を向けてもらうような対話を最初に盛り込む（他の参加者の意見を受け入れる素地を作る）
・沈黙を許容する（聴くことも対話に参加しているという意識づけを行う）
・対話グループの規模を最初は小さくし、徐々に大きくする（話しやすい雰囲気を作る）

　ひとつひとつは小さな工夫点ですが、これらを積み上げていくと「みんなの意見」が生まれやすい対話になります。そのことによって、参加者に共通する価値も発見しやすくなるのです。

注及び参考文献：

＊1　遠野市経営企画部「カレッジ開校！」遠野市公式ウェブサイト（2014年4月10日）http://www.city.tono.iwate.jp/index.cfm/30,27742,136,383,html
＊2　Michael E. Porter, Mark R. Kramer：「共通価値の戦略」Diamond Harvard Business Review, 2011, pp.8-31.
＊3　意見の多様性（各自が独自の私的情報を多少なりとも持っている）、独立性（他者の考えに左右されない）、分散性（身近な情報に特化し、それを利用できる）、集約性（個々人の判断を集計して集団として一つの判断に集約するメカニズムが存在する）という四つの条件を満たした状況下では、集団の中でいちばん優秀な個人の知力よりも、集団の知力の方が優れている、というもの。ジェームズ・スロウィッキー著、小高尚子訳：『「みんなの意見」は案外正しい』、角川書店2006年。
＊4　M. Takahashi, K. Nemoto, N. Hayashi, and R. Horita., "The Measurement of Dialogue: From a Case Study of the Workshop Using World caf as a Collective Dialogue Method," Journal of Information Processing, Vol. 22, No. 1 pp. 88-95, 2014.
＊5　高橋正道、涌井美帆子、堀田竜士、林直樹、河野克典「コンタクティビティ──岩手県遠野市における持続的な地域共創活動を支援・促進する方法のケーススタディ──」電子情報通信学会、ヒューマンコミュニケーション基礎研究会報告、2015年。
＊6　堀田竜士、涌井美帆子、高橋正道「学校・企業・地域による"共通価値の創造"の試み」教育工学会、2014年。
＊7　ジェフ・ハウ著・中島由華訳『クラウドソーシング──みんなのパワーが世界を動かす』早川書房、2009年。
＊8　涌井美帆子、高橋正道、堀田竜士、青谷実知代「地域共創プロセスの設計と実践──大学生と地域住民によるお土産づくり──」『地域活性研究』2014年。
＊9　復興庁「第9地域復興マッチング"結の場（ゆいのば）"（大船渡市）を開催（報告）http://www.reconstruction.go.jp/topics/main-cat4/sub-cat4-1/yuinoba_09.html , 2015/2/26
　　吉川翔大「木曽の未来語り合う」『中日新聞』2014.9.11、朝刊。
　　「町の課題解決へ議論」『静岡新聞』2014.9.21、朝刊。

第三章

みんなで描く未来の姿
――「遠野のみらい」を未来新聞手法で模索する

未来新聞代表　森内真也

❖ はじめに――遠野みらい創りカレッジとの出会いがもたらしたもの

　2014年4月に開校したばかりの「遠野みらい創りカレッジ」については、お恥ずかしいことですが最初はどういうものか全く知りませんでした。「豊かな自然の中で、のびのびと研修の提供ができるのではないか」と思って遠野を訪れました。カレッジは素晴らしい建築物とは聞いておりましたが、体感しますと、想像を超える本格的な木造建築。到着と同時に心が弾みました。普段の東京での生活で封印されていた、本来持っているはずの生命力が蘇ったような心地がしたのです。

　このときの訪問で初めて、カレッジの総合プロデューサー、樋口邦史さんとお会いしました。これが、その後のカレッジとの共同プログラムである「みんなの未来共創プログラム」に関わらせていただく最初のきっかけです。

　当時は共同プログラムの内容だけでなく、名前すら決まっていなかったのですが、その後何度も打ち合わせを重ねて、プログラムの方向性を固めていきました。そして首都圏の企業と遠野の企業や市民を交えた"価値共創"活動の実践を行うことが決まったのです。二部構成とし、第一部は富士ゼロックス総合教育研究所、第二部をウィルウィンド（企業研修事業会社）の冨田さんと、私ども未来新聞（インターネットメディア事業会社）が担当することとなりました。

　冒頭で述べたカレッジへの初訪問は、4月のカレッジ開校直後に実施することになった富士ゼロックスの技術及び営業の若手対象のプログラムを担当させていただくためでした。このプログラムでは、参加者の方々それぞれが、遠野の未来についての活き活きとしたビジョンを新聞形式で描き出してくれまし

た。この結果には遠野みらい創りカレッジの持つ雰囲気の影響が相当あったのではないかと思っています。

　天然材でできた家と新建材の家とで同じ作業をした場合の脳の疲労度を比較した実験で、天然材の家の方が疲れた脳が回復しやすく、体も活動的な状態になることを突き止められています（九州大学2013年）。私は脳の疲労度だけでなく、アイデアを出すために必要な脳の活性度も、木でできた家の場合、人工建材の場合より間違いなく高いと考えております。

❖「みんなの未来共創プログラム」へ参加する

　多くの企業は、本業を通じた社会貢献を理想に掲げつつも、結局は善意による寄付や慈善活動にとどまってしまうケースが多く見受けられます。しかし、多くの企業経営者や組織長の皆様は、社会貢献についての現状を憂い、これをなんとか打破して理想を実現したい、という強い思いをお持ちです。それらのお声を真摯に受け止め、企画・開発したのが、「みんなの未来共創プログラム」であり、遠野市と富士ゼロックス㈱の共創により誕生した「遠野みらい創りカレッジ」のメインメニューとして扱われることとなりました。

　このプログラムは、富士ゼロックス㈱の東日本大震災の復興支援活動を通じて得られた省察的実践をベースに、さまざまな経験・手法・リソースを組み合わせて創られました。

　その全工程は9ヵ月間に及ぶもので、首都圏を中心とした企業の方々が、遠野の市民・行政・企業などの人々と、組織を超えて「潜在する共通価値」を見つけ出し、「みんなの未来を共創する」ことを目的としています。そして、東日本大震災の被災地の後方支援拠点となった遠野の地を舞台に実現していくことを前提に構成されています。

　遠野には発想力を高められる自然環境があります。遠野には日本の地域の姿があります。そして遠野には、市民・行政・企業間で3年かけて構築してきた「関係性」という基盤があります。首都圏の企業の方々等に、この遠野の地を大いに活用いただき、本業を通じた社会貢献の在り方を実践的に模索していただきたい、という気持ちで課題探索（一部）と、未来を描く（二部）、二部構

写真14 みらい創りカレッジのエントランスにそびえるモニュメント

成のプログラムが創られました。

❖「みんなの未来共創プログラム」第一部への参加

　第一部は8月下旬に実施されたのですが、実のところ、この頃はまだ第二部の内容を完成させていませんでした。第一部の内容をよく知らなければ、プログラム全体の連続性を確保することができないと考えていたのです。そこで富士ゼロックス総合教育研究所のお許しを得て、前述のウィルウィンドの冨田さんと一緒に第一部に参加させていただきました。

　第一部で展開されたのは、エスノグラフィ（民族誌）という手法でした。これは、文化人類学、社会学において用いられる、フィールドワークから社会や集団を調査する手法です。これを使って未来を発想する材料を見つけだすのです。まさに"地に足のついた手法"と言えるでしょう。

　エスノグラフィではフィールドワークが重視されますから、他の参加者に交じって晩夏の遠野を歩きまわりました。初日に、通称「めがね橋」の前で名物

の「SL銀河号」が現れるのを大勢のファンたちと一緒に今か今かと待ちわびたことや、めがね橋のそばにある「道の駅みやもり」で現地の人たちと交流したのがとても印象的でした。2日目には愛宕神社や、五百羅漢、卯子酉様（うねどりさま）に行き、生と死というものが必ずしも相反するものではなく、お隣同士で一体となりながら互いを浮かび上がらせているものであることを感じ取りました。

　これらは、いわば、「価値を創造する基盤づくり」ですし、そのための入り口です。

　このように、足で稼ぎながら体験を通じて得られたものを参加者の共通の経験として、各自の「持ち場」である商店街や企業の現場、公共事業や活動の現場に立ち返ることが大切です。

　そして、その場を生み出した人々（先覚者、これには成功者もあれば、失敗者もいます）の実践を中心として「場の歴史（自然史・社会史）」「場の地理的な特徴（自然条件・文化的、社会的条件など）」を解明します。このためには、ヒアリング（聞き取り）や、記録、地図、静止画、動画などを発掘しなければなりません。

　このような作業は一種の研究活動ですから、一人ではできませんし、時間も、お金もかかります。これらは、「共同研究の調査研究費」と呼ばれていて、参加者が共通の志を持って手弁当で、支え合いながら実行して初めてできることです。各地には、このような事業者による研究会が数多く持たれています。例えば、京都市ですと、「古書研究会」など、古書店の店主が中心となり、知識人、古書愛好家たちの意見を聞きながら運営する研究会があります。ここで、研究したり、展示会や販売イベントなどを共同で企画したりします。市民にも親しまれていて楽しみにもされています。

　このような長い目で見た展望を持ちながら、これらを、「まだ、研究していないという制約」を自覚したうえで、「今、できること」「限られた知識や資源、時間の制約の中で、創意工夫してできることは何か」。みんなで「アイデアを出し合い、知恵を絞って交流しよう」ではないか。

　そういうプロセスを経たうえで、遠野の未来を、グループワークを通じて描き出す。これが、人口減少やシャッター通りが目立ち始める地域を再生し、発

展させる第一歩でした。

　フィールドワークを体験した結果、遠野の未来を描くためには遠野が昔から持っているリアルで貴重な価値、例えば文化、風土、歴史といったものを参加者に最初にある程度は分かっていただくことが必須であることを実感しました。そして、第二部で扱う未来新聞という表現手法が参加者の創造力を飛躍させ、その結果、遠野という場所の持つ本来的価値を増幅拡大させることができるのではないかと考えました。

　いま、各地で地域の再生や発展のための対話や、創造的アイデアの交流の場が持たれています。しかし、多くの地域では、「あー、そういうアイデアはこれまで何度も出ているんだよね〜」と言われてしまうことが多いのです。そうではないものを生みだそう！決意を込めての挑戦でした。

❖ 岡目八目「未来新聞」の発案

　未来新聞というのは、未来の出来事に未来の日付を付けて新聞記事形式で書くものです。基本的にはWeb上で、だれでもが未来を紡ぎだすように記述できるような仕組みで運用しております。

　今回のプログラムに臨むにあたり、個人や企業などの未来新聞を外部の第三者が描くという、「岡目八目未来新聞」の構想が私の中に湧き起こっていました。「岡目八目」という言葉は、もともとは囲碁の世界で「わきから碁の対局を見ている人は、実際に打っている人よりも八目も先まで手を見越す」という意味で使われるのですが、ここではさらに分かりやすくするためにトランプの神経衰弱の例で説明します。

　神経衰弱をやっているとき、参加せずに外で見ている人は余裕を持って観ることができるため「あーあー、あそこにキングあるのに……」などと、参加者本人よりもむしろ局面の本質を客観的に把握できる面がかなりあります。これが「岡目八目」効果です。

　この「岡目八目」の考えを敷衍して、「どの人も、自分のことや自分の会社のことを意外によく分かっていない。だから個人や企業の話を第三者がきちんと聞いたうえで、ある意味では傍観者的な視点からその人ないし企業について

の未来新聞を書いたら現実的で足が地に着いた構想が描ける。面白いのではないか?」

　第二部の講師予定者、㈱価値共創代表、伊藤武志先生にお時間を取っていただき、まずは、伊藤先生ご本人に熱くご自分について語っていただきました。その上で、伊藤先生の10年後の未来新聞を、私と冨田さんの2人で描くという思い切った実験を試みました。

　結果は想像以上でした。伊藤先生の笑顔が忘れられません。この結果を踏まえてさらに1ヵ月後に、伊藤先生が主宰しておられる「車座の会」という、主に大企業の中堅以上の方々が参加されている会で20名ほどの方に集まっていただき、この「岡目八目未来新聞」コンセプトの実証実験を行いました。このときも大盛況で、多数のユニークなアイデアが飛び出しました。各位には心より感謝いたしております。

　これらの先導試行を基礎にして、「みんなの未来共創プログラム」第二部においても、参加されるさまざまな会社や事務所などの方々にお互いの未来新聞、すなわち「岡目八目未来新聞」を書いていただくことを決めました。もちろん「遠野」を舞台とする「遠野版、岡目八目未来新聞」でもあります。ただ、この方法を採用するとき、自覚していただきたいのは、岡目八目といっても、プラスの将来イメージを描くだけでなくてマイナスのイメージにも踏み込む勇気が必要なことです。それは、公正な第三者の目である限りは当然のことです。

❖「みんなの未来共創プログラム」第二部の実施

　2014年11月下旬、第二部の"未来を描く"パートが3日間にわたって遠野みらい創りカレッジで開催されました。遠野からご参加頂いたのは、まつだ松林堂の松田希実さん、もくもく絵本研究所の徳吉敏江さん。遠野市役所からは、伊藤芳さんと伊藤由紀子さん。盛岡からは、富士ゼロックス岩手の齊藤淳也さん、菅原公彦さん、そして岩手県北自動車(県北バス)の宮城和朋さん。福島県からは郡山の三部会計事務所の三部吉久さん。首都圏からは東洋SCトレーディングの花房明子さん、大日本印刷の鈴木弘之さんをはじめとする企業の方々、および国立大学の先生方、大学院、学部の学生さんなどが参加さ

れました。まさに私がお越しいただきたいと願っていた、実に幅広い分野・地域の方々が遠野の地に集結したのです。

　初日は遠野という場所を少しでも知っていただくため、遠野以外からいらした方々に、遠野市立博物館において遠野が歩んできた歴史を午前中に学ぶプログラムを実施しました。午後は、遠野ふるさと村で開催されていた、「どべっこ祭り[*2]」に参加しました。

写真15　どべっこ祭りが開催される遠野ふるさと村"肝いり"の家
提供：ウィルウィンド

　遠野の歴史や、良さを短時間ですが堪能していただいたのです。夜は参加者19名中12名の方々が、遠野の農家に宿泊する「民泊」を体験しました。写真は「どべっこ祭り」が開催された遠野ふるさと村の曲り家「肝煎りの家」です。2014年に公開され大ヒットした映画「蜩（ひぐらし）の記」で役所広司さん演じる主人公の戸田秋谷の家として使われたそうです。

　そして2日目がついに始まりました。全く異なるバックグラウンドを持つ、基本的にはお互い初対面の方々が参加して、他の会社や事務所等の、遠野を絡めた未来新聞を書き合うという、「遠野版、岡目八目未来新聞」が設計通りの効果を発揮するか否かが最大の懸念材料でした。

　しかし私のそんな心配をよそに、参加者の皆さんはかなり早いうちから打ち解けあって大いに盛り上がり、まさに「岡目八目」的な、普通では出せないような沢山のアイデアを、目を輝かせながら出してくださいました。

　参加された方々全員の未来新聞が出そろった後の、プログラムの後半では、価値共創の伊藤武志先生に「未来新聞記事のうれしさや役立ちといった価値を見える化し、その価値を岡目八目でさらに向上させます。その素晴らしい未来の姿を、みんなの心と力を合わせて実現の方法を考えチャレンジしていきます」（ご本人による説明）という内容の講義を受け持っていただき、大盛況のうちに11月の遠野でのセッションを終えることができました。その後、フォロー

第三章　みんなで描く未来の姿　165

セッションを重ねてみなさんの未来記事の完成度を上げ、一部の方々には記事の内容を現実化すべく動いていただきながら、遠野での2月15日の「みんなの未来共創プログラム」最終発表会を迎えました。

❖「みんなの未来共創プログラム」最終発表会

　最終発表会は、遠野みらい創りカレッジの名物「音楽教室」で2015年2月15日に行われました。前日のリハーサルと準備を経た参加者が活き活きと、東京のマスコミ3社が取材に訪れる盛況の中、それぞれの未来新聞記事をプロジェクターで映し出して遠野の未来について発表する様子には誰しもが強いエネルギーを感じたのではないでしょうか。
　私は11月のプログラムが始まる前には「お互い何も知らない参加者が、いきなり遠野に来て未来新聞を書いた場合、果たしてまともな記事が出てくるのだろうか?」という疑問を正直なところ持っていたのですが、その疑問はこの最終発表会において軽々と打ち破られました。一人ひとりの参加者が未来への確信を堂々と発表する中で、温かく、前向きな雰囲気で教室が充たされていきました。

❖ 未来を拓く未来新聞

　早速、ここに松田希実さんの未来新聞を引用させていただきます(写真)。松田さんは、遠野で長い歴史を持つ銘菓「元祖明がらす」を扱う「まつだ松林堂」の若女将です。また、サイコロ型の木でできた絵本を販売されている「もくもく絵本研究所」でもご活躍されています。
　この記事は、最初にチームで書いた記事が基礎になっています。
　未来新聞の手法は、「自分では気の付かない自分」を発見するきっかけをつくりだします。ひとたび発見できますと、さまざまな困難のなかでも過去から学びながら、未来に向けての構想を実現したいという自然な欲求が心の内側から出てきます。未来新聞を通じて豊かなイメージの世界にアクセスし、それを新聞形式で可視化することで、「世界を変える可能性を拓く自分の存在」を自覚

写真16、17　最終発表会の様子
松田希実さん（左）、宮城和明さん（右）
提供：ウィルウィンド

できるのです。

　地方創生は、上からでもなく、外からでもなく、地方に住まわれている方お一人お一人のこのような自発的な思考、活動を起点になしとげられていくのが自然でしかも力強い、理想的なあり方であると確信しております。

◎未来新聞（2020年7月11日）：「物語を生み続ける商店街」（松田希実）

　岩手県遠野市の中心にある一日市商店街。この日はちょうど商店街が主催する「まち市」の10回目である。かつて店主の高齢化や後継者不足に悩み閉店・廃業した店舗の軒先には、小さなお店が並んでいる。手作りパンやスイーツ、漬物を売る店、コーヒーが飲める店、ハンドマッサージやネイルアートをする店、絵画を飾るミニ作品展もあり賑やかな中、一番目立っていたのは地元の子どもたちによるチャレンジショップだ。

　「いらっしゃいませ」と大きな声で接客する小学生グループのA君は「今日は児童館でお年寄りに教わって作った草履を売っています。その前はミサンガがたくさん売れました。きちんと作らないと売り物にならないところが緊張するけどお店をするのは楽しいです。」と教えてくれた。隣の高校生は「学校で作っている野菜を持ってきました。絵の得意な子に書いてもらった調理法のカードが好評です。」と話す。これらのチャレンジショップの見守り隊を請け負うシニア世代のBさんは「わらしぇんどにこしぇかた教えたり、店の手つでえっこして、おもしぇえよ。」と笑っていた。店の出店条件は「売る人やものにまつわる物語

第三章　みんなで描く未来の姿　167

を店頭で紹介できること」のみ。市外、県外からの参加も可能だ。店の前にはそれぞれの店の物語が掲示され、それを読みながら世代を超えた笑顔が集っていたのが印象的だった。

　商店街の所々にはのぼりが立っていてそこにはキューブ型の木材が何個も置いてあり、人々はそれを手の中で転がしながらお話を読み上げているようだ。これは地元の合同会社もくもく絵本研究所の製作による木の絵本で、遠野の間伐材を利用して作られているという。一日市商店街には遠野物語や遠野物語拾遺に登場する六つのお話の舞台となった場所があり、人々はその実際の場所でお話を楽しめるようになっている。希望すれば商店街有志にガイドをしてもらえるが、「ちゃんと案内してくれるかと思いきや、話の脱線が多く最終的には近所の人とお茶っこ飲みをして帰って来た」（旅人談）というゆるい案内っぷりがなぜかじわじわと人気を集めているそうだ。全国の多くの商店街と同じく高齢化や後継者不足に悩んでいた一日市商店街だが、自分たちが持っているものを見つめ直し、今目の前にいる人を大切にもてなそうという「頑張りすぎないおもてなし」から生まれる物語がここにある。

　「町の物語ストリート」として人と人、ものと人、物語と人を結びつけようと活動するうちに、旅人との交流が進んだ結果、遠野の祭りに参加したり、空き店舗を住居や工房として季節限定で借り受け活動する人も現れるようになったり、こうした動きを受けて、来年には作品展示に絞った「まち市」開催に向けて、市や商工会、観光協会との共同開催による初の作品コンクールが予定されている。現在進行形で「新遠野ひと・もの語り」を生み続けている一日市商店街の生み出すゆるい活気の行方がこれからも楽しみである。

　商店街の賑わいが目に見えるような、本当に素晴らしいご記述だと思います。

　とくに、「一日市」は遠野が人千人、馬千匹の商都として賑わいを見せていたころ、1日、15日は、市が立ったという事績を踏まえた「伝統を今に生かす活動」です。また、市民お一人おひとりが遠野物語の語り部となり、歴史的な場所に立っている姿が目に浮かぶようです。

　未来の商店街再生プロデューサーが遠野の人々の記憶や歴史的知識の共

有を意識されていることは、歴史と場をふまえた新たな展開であり、商店街の再生にとって欠かせないと感じました。また、ここに登場する人びとは、児童文化の創造や、環境文化の発見や活用に取り組まれ、自然と文化を暮らしの中に活かそうとされています。商店街の活性化は子どもたちにとっての美しい場づくりでもありました。これは、まさに、現代の世界的な潮流と一致していて、素晴らしいと感じました。

　他にも公開の許可をいただいている貴重な未来新聞記事が沢山あるのですが、紙面の都合上ご紹介できないことをご了承ください。これらを含めて、私からのお願いを申し上げるとしますと、日本や世界における商店街再生の経験、成功や失敗の経験を実地に調査して参考としてはどうか、ということです。二つだけ、事例を挙げさせていただきます。

　一つは、長野県飯田市における「高齢者住宅づくりと結合した商店街再生」です。これは、シティ・マネージャー第一号と言われた方の構想でしたが、「買い物客を生み出さずして商店街はない」「買い物の中軸は生鮮と雑貨であり、毎日のように必要とされるものである」ということでした。この方は公務員でしたが、農家の再生を担当されて、「よいものを市場に出す」には、目利きのできる買い手を生み出すこと、食料としての必需性を踏まえた買い手との持続的なコミュニケーションであったと教えられ、それを商店街で実践されたそうです。

　さらに、この方は、住宅づくりの資金を民間で独自に調達して高齢者住宅をつくり市民の福祉ニーズに応えるという画期的な視点を持っておられました。財政危機の折には特に大事な着想ですね。

　これは商店街再生には、商店街そのものの存立基盤を、町中のみんなでつくりだす、合意もするし、資金も出しあうという大きな視野が必要なことを示しています。「住まい」というのは商店街にとって最重要な基盤なのです。基盤には、このほかに、緑の並木道や森、交通手段（昔は馬、いま、馬を交通手段とするかどうかが遠野で議論されている）、それの置き場、子どもの遊び場、警察や衛生・保健、知識基盤（書店、図書館、法律相談、保険相談）、医療施設（とくに予防医学）、映画館、スポーツ施設などなど。商店街を存立基盤との関係で見る目。これが必要なのです。

　もう一つの事例は、岐阜県高山市です。ここでは、高校の先生が高校生に

よる地元、地域ブランド商品を開発され、その売り場を商店街に開くことによって、市民、企業、自治体、商工会議所など、みんなが次世代を応援するという公共活動のうねりをつくりだされました。商品はかつて高山の名産品であった「すくなカボチャ」「えごま」などですが、採算に合わないからと農家でも栽培できなかったものを、「質の高さ」「かけがえない一品もの」という固有の価値に注目された商品開発でした。これは教育事業を学校の中だけでなく、地域のひとびと、全体の課題として取り組まれたことが大きな成果を上げたのです。どうか、ご参考に。

❖ 企業の語り部たちからのメッセージ

さて、みんなの未来共創プログラム第二部に参加いただいた方々の中から、いくつかご感想をご紹介いたします。今回の参加者ご自身が「語り部」となって感想を述べられていらっしゃいます。その感想にタイトルを付けさせていただき、そのまま掲載させていただきました。

「すでに持っているもの、を大切にする心」（まつだ松林堂：松田希実）

はじめて『未来新聞』という言葉を聞き、実際の新聞をWeb上で見た時『読むのはすごく面白いけど自分が書くのは難しそうだな』と思いました。このプログラムへの参加を打診された時も、遠野に住む者として何かしらお手伝いができたら良いな、という気持ちで参加したものですから、いざ始まってみて自分がプレゼンする側だったと知った時の衝撃は大きかったです。しかも、初めてお会いした方々と話し合いながら仮想事業のシナリオを作るなんて、突拍子もないことに思えました。しかし自然に囲まれた中学校の校舎内というみらいカレッジの空間に身を置くことで、不思議とすんなり未来新聞ワールドに入ることができたように思います。未来新聞の一番の魅力は、ネガティブな言葉を酸わずに、実現したらどんなに面白いことになるだろうと想像してポジティブな言葉を紡いでいくところにあると思います。私にとってこれは実はとてもつらい作業でした。

今までいかに自分が「でも」「無理」といった言葉や考えで自分に対しての思い込みを強め、行動しない自分を正当化していたかに気付かされるからです。一人で考えていたらこの時点で挫折しそうですが、同じグループの皆さんが次々とアイデアを出す楽しい話し合いの場では、力がわいてくるのが不思議でした。実現を前提としなければ、前向きに考えることなんて簡単だと思う人もいるかもしれません。でも未来新聞を書いた後は実現可能な落としどころを探る作業も待っています。家に帰って今までの頭に戻った私に大きな力をくださったのは、メンバーの皆さんからメールで送られてくる具体的な応援メッセージです。

　広い視点からさまざまな意見を頂き（しかもみんな前向き）考える中で、私の場合は「新しいイベントで活気を出す商店街」よりも「すでに持っているものを大切にする商店街」というイメージが生まれました。遠野に根付いてきた人々の心豊かなくらしと歴史ある文化の中にすでにある価値を大切にしたいと今改めて思っています。目的にたどり着くための視点の転換、つまり「気付き」というスタート地点に立たせてくれた未来新聞に感謝するとともに、自分も含めメンバーの皆さんの遠野を舞台にした数々の仮想事業が実現可能な事業になることを期待しています。

「過去から未来へとつなごうとする活動」（遠野市役所：伊藤由紀子）

　予想以上に自分の脳内に枠があったことに気付かされ、それを外していく手法を学ぶことができました。研修以降も引き続きネタ探しをしながら未来新聞の妄想を楽しんでいます。プログラムのゴール設定とはいえ、遠野市のための事業をこのように真剣に皆さまに考えていただいたことがうれしかったです。（中略）

　遠野市では古くから「つなぐ」ことがまちの力になってきました。内陸部と沿岸部、そこを行き交う人・モノ・文化、これらを過去または現在から未来へとつなごうとする活動が、産業となり文化となり、「遠野」を形作ってきたと思っています。

「これからの事業の可能性を描く」（岩手県北自動車㈱：宮城和朋）

　多くの助言をいただくことができ、とてもよかったと思います。首都圏企業の方だけでなく、遠野の方、大学の方など多様な人材がそろっていた点は、事業の可能性を検討するに当たり、大きなポイントだったと思います。(中略)
　こういったクリエイティブな発想を引き出す研修は、岩手のような地方の現場ではあまり行われていないと思い、改めてこの、未来への夢があり、かつ多様な人材交流ができる研修の価値の高さを感じています。
　未来新聞に盛り込んだ弊社の提案事業「自給自足サバイバルツアー」は、どの程度まで拡大展開するかは様子を見ながらということにしながらも、さっそく実験的にさまざまな実践をはじめたいと思っています。個人的には、遠野市役所さんをはじめ、さまざまな団体や企業をターゲットに、当プログラムを体験していただければ、この萎びていく一方の地方も活気付くきっかけになるのでは、と強く感じました。
　馬搬の伊勢崎さんをはじめ、三陸沿岸にもエネルギーや食について問題意識を持っている方々がいますので、そういった方々と連携し、弊社のツアー受注案件をモデル的に取り込みながら、実証実験をしていきます。そこでなんとなくカタチが見えてきましたら、また皆さんにも声をかけて、参加していただいたり、お仲間をご紹介いただいたりと、引き続きのご協力を賜れればと思っています。弊社や地元の伝手（つて）だけではおそらく限界があるでしょうから。
　いずれにしても、これで研修が終わりということではなく、皆様がおっしゃるとおり、ここがスタートラインということと思っています。各事業が具現化していくように、皆様よりアイデアやご助言を頂きたく、今後も継続的なサポートによる連携をよろしくお願いいたします。

「遠野という場所の魔法」（三部会計事務所：三部吉久）

　未来の予想でなく、実際に起きたこととして新聞記事に書くことで、自分の中でいつのまにか現実のものとしてとらえてしまう、不思議な力をもった手法だと感じました。不思議な力に後押しされながら、ビジネスプランを形にしていく

ことができました。遠野という場所でいろいろ体験したり、考えたりすることで、いろいろな気づきがありました。未来新聞の体験も、遠野という場所の魔法にかかったような不思議な感覚でした。

　東京と遠野、過去と未来という空間と時間を超えたところで、何かが生まれる予感を感じさせられました。未来新聞の記事が、変わりながら引き続き実現に向けて勝手に動き出しているのを、楽しみたいと思います。皆さま、ありがとうございました。

「未来創り現在進行形」（東洋SCトレーディング㈱：花房明子）

　今回このプログラムに参加するまで、私は公私ともにアイデアの枯渇に悩んでいました。そんなときに『アイデアが出るようになる』と言われて半ば半信半疑で参加させていただいたのですが実際にワークショップに参加したところ、ボトルネックが一つずつ外れていき、自由な発想が次々と出てくるようになりました。

　今ではその時書いた未来記事が、遠野への経済効果と自社の事業開発を両立する未来として、現在進行形の仕事になっています。記事の続きを書き足していくと、時間軸・横軸ともに広がり事業計画の見直しや変更もポジティブに行えるため、今後の展開は無限大です。

「遠野が生み出す不思議な効果」（大日本印刷㈱：鈴木弘之）

　バックキャスティング思考[*3]で未来を考えようとすると、どうしても思考に深みが出ず漠然となりがちなところがありますが、未来新聞の手法では、想像力豊かに具体的に活き活きと描写することができる点がとてもよいと思います。

　プログラムそのものがとても素晴らしかったことに加え、産官学、多くの皆さんとお話ができたこと、民泊の際、遠野の方々と深夜まで飲み交わし、さまざまなお話ができたこと、（第一期の）夏祭りの夜の遠野らしい摩訶不思議？な体験、などなど、おかげ様で忘れられない出来事や想い出をたくさん得ることができました。

「みらい創りへのスタート」（横浜国立大学：梅野匡俊）

　未来新聞つくりは、将来像を考えるうえで、ユニークで有効なツールと感じました。事業検討にあたって将来像を描くと、得てして目標設定となり「希望」が強くなるのですが、未来新聞は「過去形」で記述することから「可能」性を強く打ち出せるという点で、たいへん有効なツールと思います。また、記事の主語を明確にすることで、5年後、10年後に「誰が」この事業を担っているかをきちんと設定することができるかと思います。（中略）

　夢は描くことではなく、実現することが大事です。これからが今までの何倍もエネルギーが必要であり、そのためには遠野に集まった仲間が何よりもの力になると思います。今回のプログラムを、2月15日で「おしまい」にするのではなく、これから実現に向けたプログラムを皆で作っていきたいと思います。

　それと、もっと仲間を増やすことが必要だと思います。特に、5年後、10年後に、主役であり当事者になっている若い人たちをどう仲間にするか、ここが大きなポイントではないでしょうか。今回のプランを、子どもたちにも分かりやすいバージョンに変換して発表し、意見交換をしてはどうでしょうか。素晴らしいプランができて良かった！ではなく、「実現」と「継続」のために、皆で知恵を出し合いましょう。

　以上、参加者を代表して7名の方のプログラム参加後の率直な感想をご紹介致しました。梅野先生のおっしゃるように、プランを立てるだけでなく、それを「実現」し「継続」していくことこそが肝要なのでしょう。この歩みを、真摯な調査や研究の姿勢とともに、ずっと続けていれば収穫は必ずあるはずだと思います。子どもたちにも分かるバージョンを作るというアイデアにも敬服いたしました。どんな良い内容の考えでも、人に分かってもらえなければ存在しないも同じ。感動しました。

❖ 未来とは過去からつながるもの、紡ぐもの

　今回のプログラムを終え、コミュニティや先覚者の各位の合意を得ながら次のプロジェクトへと進むことになった遠野の商店街再生が基礎となって、遠野

写真18　プログラム参加者の集合写真　提供：ウィルウィンド

や東北地方の生産者と海外の消費者をつなぐトレーディング構想は、決して妄想や絵空事ではありません。過去を知る地域の人たちや、先人が試みた取り組みを省みることからその発想は生まれたのです。前述の松田さんはそれを、「すでに持っているものを大切にすることから始める」と表されています。

　他の地域から遠野に定住することとなった方、そして、他地域から遠野の文化資本に触れた方、それぞれ多様な価値観を持った個人が、遠野の伝統的な考え方や歴史的な生産方式に出会った時、違和感を持たれるのはどちらかと言うと受け手である遠野の人々ではないでしょうか。何故なら、アプローチしてきた側の遠野に関する情報は少なく、ましてや遠野の文化伝統、そして歴史といった「遠野人なら誰でも語れるコト」について知らない人々からの接触だからです。しかし、みらい創りカレッジは、このように多様な価値観を持つ個人や組織の壁を取り払い、「これまでの歴史を踏まえて次のみんなの未来に向かって共に歩もう」という共創力を芽生えさせます。これが私たちの希望です。

　バークレーとMITで学んだアナリー・サクセニアン女史は、古都ボストン近郊のルート128地域とシリコンバーレーを比較研究し、名著「Regional Advantage : Culture and Competition in Silicon Valley and Route 128」（日

本語訳本『現代の二都物語』)を著しています。彼女は地域の産業システムや都市・地域計画の専門家ですが、ビジネス風土の成り立ちに着目し、地域ネットワークの上に構築された産業システムのほうが、実験や学習が個別企業の中に閉ざされている産業システムより柔軟で、技術的にもダイナミックであることを示しています。そして、「協働的優位性」を維持するために必要な地元関係の促進を奨励し、西欧から発展した歴史を持つ地域と、次世代の開拓者が興した地域研究はそのまま、国家戦略に対して独自の地域戦略を比較検討した論文として、多くの賞賛を得ることとなりました。

　プログラムの第一部で、遠野郷の人々とコミュニケーションを取り始めた頃、私たちは遠野の閉鎖性を幾分感じました。伝統的な文化や歴史を持つ街を訪れた時に、ふと感じる孤独感のようなものだったかもしれません。しかしそれは、一方的に外来者として地域社会を眺めていたからではないか、そういった反省が議論の中で出てきました。我々は、この地域の過去からの文化や産業の歴史を知り、郷土の歴史や文化を愛する地元の人々との交流の中から、互いに学びながら課題を発見・共有すること大切さを痛感したのです。

　さらに、この地は、中央や地方行政の中心地の影響力で発展した歴史を持つ地域でありながら、次世代の開拓者或いは先覚者が興した地域でもありました。遠野は十分開かれていたのです。その遠野の"開かれた"みらい創りカレッジで、外来者が遠野郷の人々と共に過去を見つめ直し未来を探る、語る、そして創りあげる共同作業は、歴史的にも新しい実践的な学習活動といえるのではないでしょうか。少なくともボストンやサンフランシスコでは、成し遂げられなかったことです。

❖ 遠野と京都、そして地域創生に向けて未来新聞の果たす役割

　遠野みらい創りカレッジの歩みはまだ始まったばかりですが、場所的には遠野を含む東北地域と、それ以外の首都圏を中心とする地域、分野的には産・官・学全て、という多様性あるメンバーを結集させ、多様な文化資本を各自が持ち寄って交流しながら、アイデアを出し合い、学び合い、育ちあう、という考え方と手法は、伝統を今に生かす新しい試みです。

「遠野には日本の過去と未来の両方がある」という言葉をある方からうかがいました。確かに、現代の日本が失った伝統、文化、精神といった、過去の財産が遠野に残っている一方で、過疎や高齢化のような、未来の日本で急速に問題となることがすでに遠野では存在し、それを克服するために真心と探検精神をもつ人材が現われています。遠野のことを考えることはすなわち、日本のことを考えることに直結しているのです。

　未来新聞は、創業当初はインターネット広告モデルや、米国での展開といった、いわば"派手な"展開をめざしておりました。その未来新聞が、"地方創生"という、プロジェクトスタート時には到底想像しえない、ある意味"地道"なフィールドに行きついたのは不思議な気もします。

　しかしよくよく考えてみれば、競争激化に戦々恐々とする企業だけでなく、過疎や高齢化の問題に悩む地方にこそ、未来を切り拓くアイデアが必要とされているのであって、ある意味必然の成り行きだったと言うこともできます。何か大きなものに押されているかのようにプロジェクトが進んでいったようにも感じております。未来新聞を描くことによって、公正な第三者の目を通して、真実の自分に気づき、日常の封印ともいうべき「狭さ」から解き放たれる。このとき、"想像力"という名の翼は、まさにこの"地方創生"という場においてこそ羽ばたくのではないでしょうか。

　中学２年の夏にイギリスに１ヵ月滞在して、東京に戻ってきたときに、東京の根無し草のような、そこはかとない空虚さに逆カルチャーショックを受けたことが後の私の人生に大きく影響しました。イギリスの伝統が維持された街並みを見て、ヨーロッパ中から集まった中学生たちと交わる中で、東京を中心とする、明治維新以来の欧化主義の文化の空虚さにやけに敏感になってしまったのです。明治維新以来日本で否定されてきた日本の古き良きもの。その否定が多くの日本人の無意識下での「なんとなく自分はニセモノ」的な空虚感に直結してきたのではないでしょうか？

　この空しさが見事に消える都市があります。それが京都です。京都はいつも私に、"ニセモノ"ではなく、"本物"でいられる安心感を教えてくれます。建物や、文化、そして町の持つ匂いのようなものが私の、心の中心軸のようなものを充たしてくれるのです。意識するとせざるとにかかわらず、この失われた

第三章　みんなで描く未来の姿　　177

感覚を取り戻すために、多くの人々が京都をめざすのではないかと日ごろから思っております。

そして私は同じ感覚を遠野でも感じました。遠野物語の舞台となったこの土地が放つオーラ、先祖から継承された神楽などの伝統文化、そしてここに住む方々の他者を気遣う優しさや、自然と共に生きる力強さと接することによって、私は自分が"ニセモノ"ではなく"本物"だという安堵を感じられるのです。

遠野の未来は、遠野の皆様の心の中に眠る、未知の可能性を皆様方ご自身で掘り出せるか否かにかかっていると考えております。この可能性とはすなわち、価値を創造する力です。この春の遠野桜祭りの折、再び民泊の機会を得ました。民泊先の方々との対話を通じて、創造力を沸き立たせる芽吹きがカレッジだけではなく、遠野のあちこちで見られるようになってきたことを知りました。遠野のみらい創りに向けて力強く歩み出す人々が徐々に増えているというのです。

あのバスケットボールの神様と言われたマイケル＝ジョーダンは、「僕は挑戦することをあきらめることは、絶対にできない」[*4]と言っています。挑戦した人だけが、失敗したと言える資格があるのだと思います。いただいたせっかくのご縁を活かして、私も微力ながら遠野での挑戦を未来新聞の名の下で、続けてまいりたいと思います。

❖ 結びにかえて

このような機会を通じまして未来新聞のこれまでのありようを整理しつつ、遠野との関わりについて記録や構想を公表することはありませんでした。また、遠野と京都の両方に関わる『二都』の出版に関わらせていただいたことに感謝致します。

カレッジの運営への参画やリーディングは、本来遠野の皆様が主導的に行われるべきものだと思います。今回は、都市部との交流の中で、企画出しのノウハウや経験を持った私たちのような企業がお手伝いできることもあろうかと、皆様への応援に駆け付けました。

このようなご支援は私共以外にもあろうかと存じますが、あくまで過渡的な

形であることが本来は望ましいと考えています。カレッジプログラムの実行の中で、企画出しをし、事業提案の専門家を育て、仕事を起こし、地域の皆様の自らの力で、それも自ら開発した方法で遠野産業の振興を図っていただくことを、側面から支援する姿が望ましいはずです。私たちも、カレッジの皆様と一緒に、そのような活動を支えていきたいと思います。

　今後も何卒よろしくお願い申し上げます。

注及び参考文献：

*1　東日本大震災での富士ゼロックス㈱の組織的な復興支援活動を、組織自ら省みて考え、新たな支援策を立案して新しい支援活動へと反映させながら、実践を繰り返してきた活動全般のこと。
*2　「どべっこ」とは、遠野の造り酒屋が祭りのために、特別に仕込んだ昔懐かしい濁り酒のこと。「どべっこ」を飲みながら、鴨ひっつみ・雉そば・おでん・焼き餅など、山里の味覚を楽しむお祭り。神楽や囲炉裏端での昔話等、さまざまな催しで冬の遠野を満喫できる。
*3　未来を予測するうえで、目標となるような状態・状況を想定し、そこから現在に立ち戻って"やるべきこと"を考える思考方法。地球温暖化などの環境問題解決に役立つ手法として注目されている。
*4　マイケル・ジョーダン著・ラモス瑠偉監訳『挑戦せずにあきらめることはできない──マイケル・ジョーダンのメッセージ──』1995年。

第三部

遠野から学ぶ京都の営み
——今後の研究会への展望

この第三部では京都側の今後の研究の方向性と展望を示しています。
かつての荒廃した都を復興し、安全な暮らしを培ってきた京都ならびに京都人の創造性は、京都での分科会において、遠野側からの参加者へ大きな刺激として伝わりました。地方都市の未来の在り方を、伝統文化の宝庫である京都から学ぶことができる。これは、遠野市民にとって千載一遇の機会となりました。逆に、京都側からの参加者の多くが、遠野の"生き抜くための力量"に賛同を示し、不透明だった京都の伝統工芸の未来を"したたかに"描くことの大切さを学んでいるところです。
双方の共同研究はまだ道半ばではありますが、それぞれから学ぶことで得られる「未来をひらく力量」は、まずは遠野側から京都側へと力強く引き継がれ、その後一般化されることになるはずです。そこに至るまで、我々はこの共同研究を継続して実施されなければならないと考えています。

第一章

遠野から学ぶ
みらい創造・地域創生
―― 文化的伝統を今の産業・生活に生かす日本発の歩み

京都市民大学院　池上 惇

❖ はじめに

　いま、グローバリゼーションという怪物が世界経済を席巻しています。
　怪物が日本に上陸してきて、旧財閥系列の大銀行を統合させ、三井と住友が合体するような大構造改革を成し遂げたのです。「旧財閥でも敵わないのだから、ましてや、京都市や京都府、岩手県や遠野市など、さらには、日本社会の大半の人々にとって、この怪物には、敵うはずがない」これが常識だったでしょう。しかし、京都や遠野は降参しませんでした。
　むしろ、予想とは逆に、両地の企業は、世界的に市場や投資を拡大し、文化的伝統と、それを今に生かす力量を持つ人々は、魅力ある景観やまちなみをはじめ、職人技と文化力を生かした産業や生活を生み出したのです。
京風や遠野風の美や文化は、日本の内外から高い評価を受けて、訪問者の感動を呼び起こし、感じて学ぶ人々をつくり出して、世界文化の発展に貢献しているのです。
　なぜ、このようなことができたのでしょううか。
　両地域とも「無傷」で、ここまで、来たわけではありません。
遠野は人口減少という深刻な事態に直面し、京都は、外資系ホテルは大繁盛である一方、地元の中小事業者の行く末には暗雲が立ち込めています。
　遠野と京都を比較いたしますと、遠野には柳田國男・佐々木喜善の『遠野物語』があり、京都には紫式部の『源氏物語』があります。前者は日本の"民"が生み出した「山と里の民における和と抗争、愛と葛藤の物語」であり、後者

は「愛と葛藤をめぐる"都人"の物語」でした。両作品共に、自然の偉大さや人知の及ばない世界を観たのです。おそれを持って謙虚に生きる人々に共感し"愛の眼差し"で描き出しているのです。

たしかに、私たち日本人は大陸文化に寄り添った東の島国におります。常に大陸文化が衝突する狭間におかれ世界有数の地震災害地帯にあって、大自然や異文化に直面しながら身を挺して学習し、未熟さゆえの大きな過失や犯罪に巻き込まれながらも、新たなルールを見出し共生の道を発見してきました。その中でも遠野や京都は、譲りや和、平和の心をもって交流を恐れず、誠実と勤勉を通じて信頼を勝ち取り、旺盛な探求心を持って学術・芸術文化・産業・生活・経済の発展を実現してきたのです。

遠野と京都がともに「日本人の"心のふるさと"」と呼ばれるゆえんでありましょう。

❖ 文化資本を発見して育てる市民大学院

さて、市民大学院（文化政策・まちづくり大学校）は、京都にありまして、京都市より廃校になった旧成徳中学校の校舎を活用させていただき、京都の文化的伝統を今に生かす学校づくりに取り組んでおります。自分の学説を説くのではなく、お一人お一人の御経験が交流する場を、授業料なしのボランティア活動を通じて2011年から実践しております。これは、京都教育の伝統でもありまして、石門心学で有名な石田梅岩の塾も対話中心、無料でありました。

この学校では、30人内外の参加者各位の対話と交流を最優先に考えておりまして、対話から得られる「気づき」を大切にしております。御支援者は約500人です。

そして、みなさま方には、御経験のなかで身につけられました貴重な価値を自覚していただきますようお願いしております。

そのわけは、ご自身に取りましては挫折と破産の連続のような、忘れてしまいたい「負の経験価値」でありましても、文化経済学という学問の目を通してみますと、「長い目で見て、新たな文化や生きがいを生み出す可能性を秘めた文化資本」であるからです。

資本と言いますと、貨幣価値を生みだすものという常識がありますが、各位は生きようとしてお金を稼ぐ仕事をされておられますうちに、知らず知らずのうちに、仕事や生活の中で、人々とつきあわれ智慧を身に着けられて仕事や生活の熟達ぶりや技巧の高さ、倫理性や独創性を育んでおられます。これらが「眼にはみえない文化資本」です。これをお金儲けの場ではなく、学び合い育ちあいの中で他人と関わりを持たれ積極的に活用していただきますと、現代人の物語、各地訪問記録、調度や民具、工芸品、手仕事の関わった作品（情報機器など機械を利用することも多い）、出版物、美味しい料理、美しい衣料品、住みよい住居、住みよい地域社会などが生まれてきます。人格も対話の力量が高まり、生活の環境も変わります。
　そのなかには、先人から継承されてきた智慧、技術、技能など、「伝統を今に活かす」力量も含まれております。
　実は、遠野や京都の地では、お一人お一人がお持ちの文化資本が無数のひろがりとつながりを持っておられます。残念ながら大部分は自覚をされておりませんが。
　このような自覚のきっかけは、学校のような「交流の場」、「一人ひとりの文化資本が尊重されて、たがいの学び合い育ちあいが実現する場」ではないだろうか。
　遠野や京都の、すべての市民が自分の持っておられる文化資本を自覚していただき、その価値を自ら表現して言葉や文章や映像にしていただくこと。
　さらに、学び合い育ちあいの中で、自分の住む地域や仕事場や企業の活動にも目を向け、研究活動を通じて成果を世に出してゆかれること。また、ご自分が身につけられました文化資本を次世代に伝えるために、地域で塾や学校を開かれて、読書や地域づくりのご相談に乗っていただくこと。
　このような生涯研究活動によって、遠野・京都の自然と文化を生かした健康長寿をめざし、次世代が良好な「子育て」環境を持って、先覚の文化資本を継承され発展を実現されるようボランティア活動を行ってゆきたい。欲を言えば、この過程で、多くの市民が、学術博士や経営学博士、文化経済学博士などの学位論文を執筆する力量を蓄積され、産・学・公共における学術的権威あるコーディネーターとして活躍されるよう期待しております。

❖「学習による和」と「結＝ゆい」の習慣・伝統の形成

　文化人類学者、故米山俊直先生によりますと、京風とは、最先端の文明の成果（例・中国の都市計画・人工的な幾何学模様の街路）を海外から入れておきながら、それにとらわれず、迷わされることがない、自然体の生活スタイルです。すなわち、表では都市計画と付き合い裏では自然のシンボル坪庭をつくるなど味なことをする。

　よく和魂洋才とか、和魂漢才といいますが、日本人はアイヌ文化の伝統を継承しながら、異文化を受容して、学習を重ねる習慣・伝統を持っています。

　また、その結果、自然からも学び、自然を生かした質の高い暮らしの名人です。

　さらに、人間関係では、土着の文化と渡来系の文化が時に激突し、時には融和して「困ったときにはお互いさま＝結い（ゆい）」「公正で公平な分かち合い（なおらい）」の習慣を生み出しました。

　遠野にも京都にも、「学習による和」の伝統や習慣が今に活かされています。

　さらに、日本社会では、峻険な山（金山など鉱山を含む）や谷、海に注ぐ大河をもつ厳しい自然の中で強い忍耐力と逞しい開拓者精神や実行力を持つ山の民の伝統と、大陸文化を継承しながら稲作を広げ、外来の新たな文化を活かす里の民を生み出してきた伝統が衝突し、あるいは、感性を磨きつつ、学習し、譲り合いながら、心の通う育ちあいによって「山・里・暮らしのつながり」を生み出してきました。

　『遠野物語』にも、金山を拓く荒々しい山法師を想像させる場、体格の良い大男、人さらいの物語などが交錯し、山の民と里の民が愛し合い死に至る苦しみの中で結ばれて、蚕や繭を残すさま。飢餓の中で子を失うような厳しい時代、子の生まれかわりかとも感じられる、河童が現われて人々に仕事を教える徳の高さ、などが描かれています。

❖ 遠野の復興支援活動

　3.11の大震災復興支援活動の中で、遠野人の活動は刮目すべき内容に満

ちています。沿岸部の救援活動では、伝統ある「後方支援の経験」「平素からの訓練」の機会を生かし、大槌町などからの救援要請に市長を先頭に自らの判断で的確に応答して人命を支え、森林を大事にしてきた伝統文化を生かして復興住宅を建設され、沿岸部に向かうNPOなどの後方拠点として大車輪の活躍をされました。

さらに、驚くべきは支援活動の永続性です。多くの支援活動が引き上げを始めても遠野市民は支援の輪を広げて決して後ろに退かれませんでした。

現在でも復興住宅には復興のシンボル、徽章や手織りの技を伝える地元工芸職人からの支援が続いています。手に職をつける楽しみや生きがいが多くの被災者を支えています。遠野は伝統のある工芸の里。超高齢者も藁（わら）細工で南部馬を創作されます。子どもたちも、見事な手織りのタピストリを卒業制作します。この貴重な伝統が価値のある支援活動を支えています。

また、遠野は太陽光エネルギー発電を早くから手掛けられ緑豊かな宿泊施設をお持ちですが、ここに、越前高田市などの被災者を運輸事業者のボランティア活動、各地からの経済支援を背景に「湯治」の機会を提供され続けています。入浴後には遠野の食事を楽しんでいただき、各地の民謡や踊りの交流会、寄付によるカラオケなどが活用されます。被災地のお風呂が"休まる環境にはない"ことを遠野の方々はよくご存知でした。

このような、ご活動は、現代の遠野物語として、いつまでも、私たちの心の中に残ることでしょう。

❖ 澁澤敬三のオシラサマ研究と佐々木喜善

また、京都にも、大学の知識人から「地域固有の自然から学んだ、探求と冒険を恐れない"旅と研究の精神"＝京都型開拓者精神が生まれています。

今西錦司、伊谷純一郎らは、遠野の民具研究家、企業人の澁澤敬三から支援を受けながら自然学、霊長類学の新分野を開拓し、現場のサルとつきあいながら人類誕生の謎に挑戦しました。澁澤敬三など在野の研究者は民具こそ単なる技術の結晶ではなく「人の心、誠意、想像力、智慧、創造性、希望」などのシンボルであるとされています。

澁澤先生が民具の典型例として挙げておられるのが、「オシラサマ」です。桑の枝を交差させ絹や真綿を巻き付けて男女二体の神とし、桑を発見した女性には神が宿る。神が語る唱に「まんのう長者」の物語があります。
　「長者の姫が厩の馬を観たことから馬に恋されともに昇天する。姫は形見として蚕を長者に残す」(澁澤敬三「オシラサマ」より。同『澁澤敬三著作集』第三巻・犬歩当棒録、平凡社、1992年、191ページ。なお、ここでは宮本常一先生の研究成果が紹介されています)
　馬を山の民、姫を里の民のシンボルとしますと、形見の蚕こそ「人と民具が生み出した文化産業の種子」ですね。これこそ人々に希望と幸福をもたらします。
　澁澤は、遠野で伊能嘉矩の研究成果に驚き、佐々木喜善について次のように述べておられます。
　「氏は……郷里に帰ってひたすら民間伝承の採訪調査に力をつくし、『江差郡昔話集』『紫波郡昔話集』『東奥異聞』『老媼夜譚』『農民俚譚』『聴耳草紙』等、主として北上山脈および北上川流域の口頭伝承文芸（主として昔話）に関する著書を次々に公にした。その調査研究は、全く開拓者としての辛苦にみちたものであったが、報いられるところは少なかった。」
　「郷里にあっては、村長の公職についたこともあったが、それは同氏には不向きのようであった。しかして民間伝承の研究に専念せんとして仙台へ出たが経済的にも意にまかせぬものがあり、不遇の中、昭和八年九月、宿痾の腎臓病で逝去された。実にすぐれた感覚を持ち、口承文芸のみでなく、民俗全体の発掘には、他の追随をゆるさぬものがあったようである。当時中央の学界で必要とされているものは口承文芸を主としていると思い込んだか、その面の提供に精神を込めていたと思われたのに、逝去後、物質文明としての民具等も実は丹念に集められていたことを知って、驚いたことがある。佐々木氏のごときナイーヴな地方の学者に対しては、その持っている智識全般を、漏れなく学界に提供せしめるように皆で心掛くべきではなかったかと、今さら惜しまれる。」
(澁澤敬三『佐々木喜善』178ページ)
　その後、山下久男氏らが遠野で佐々木先生の業績を研究され、お墓も御令息たちの手で建てられたと指摘されています。

京都では、梅棹忠夫が澁澤の民具収集の成果を継承し、現場を歩いて、アイヌや世界の民族から民具などを集め、各地に民族や地域固有の文化的成果を集めた博物館を開き、伝統と習慣の智慧や熟達、判断力や創造性から学ぶ場を創成されました。
　「私欲や流行を超えて伝統文化を今に活かす開拓者精神と実行力」
　これが、遠野にも、京都にも通じる共通の心であります。

❖ 小宇宙盆地の産業と生活

　さらに、両地では、農・林・地場の産業を結ぶ町衆（商業と祭り）が生まれ、互いに学びあって類まれな美と機能をもつ"自分たちの心のふるさと"（山紫水明・神社仏閣・墓地・町屋・露地）を生み出し（番組小学校区と市民自治力）、景観や伝統の美を持続させてきました。
　小宇宙盆地ながら、文化的価値の高い、農林・地場産業から商業、近代的工業（小さくても世界企業）、固有のツーリズム、デザインと伝統産業の結合、多様なサービス業や情報産業を育てています。
　また、そこには、自然の生態系を尊重しつつ、水を汚染から守り、廃棄物を減少させて、環境負荷を最小にする「循環型社会」への志向があります。
　人びとは、産業・生活・学術・芸術など、すべての面で、一人ひとりが循環型社会を継承して新たな状況に応答しつつ、実践する力量を身につけること。さらに、ともに実践する中での試行錯誤の経験を次世代に伝え、次世代が熟練・独創性・技巧や判断力をさらに深めてゆくことを期待しています。
　このようなライフスタイルは、「異文化を受け入れ、自然とともに、日本における"心のふるさと"を創生しつつ循環型社会を構築する」。
　そのなかで、農・工・商・サービスを担う職人、すなわち、この地に蓄積してきた固有の"技と文化"を持ち、地域の持続的な発展を担う人々を生み出します。
　この技と伝統文化の継承は、仕事の場だけでなく、生活の場における豊かな自然と、長い歴史に培われた文化的伝統や習慣を次世代に伝え、教育・福祉の場としての"子育て環境"の持続的な発展を産み出しました。

各地域の祭りへの子どもの参加は、高齢者のいきがいや、子どもの教育の場となり、祭りの継承のなかで、交流人口や訪問者が増加し、ツーリズムを通じてのリピーターの増加や、文化財の保護、活用の道を拓いています。
　京都では、子供神輿の地域における保存と継承、公民・寺院協力による保育所の拡充、高齢者福祉施設の充実などが見られます。福祉関係NPOの増加も京都の文化的伝統を反映しています。
　「異文化を学習し、自然とともに和を生かして、循環・再生し続ける永遠のふるさと」が誕生しつつあるのです。

❖ 遠野と京都の人口動向を比較する

　遠野ツーリズムの形成過程を回顧してみると、市政に呼応して進められた2003（平成15）年、NPO法人「山・里・暮らしネットワーク」の誕生にゆきつきます。この動きは遠野を愛し自然資本や文化資本を継承しつつ次世代に分け渡そうとする人々によって構成され、山・里・農・畜・馬・環境・祭り・文化・教育・行政など、多様な分野をつなぎながら、自発的で草の根的に生まれたグループやメンバーが主力でした。これらネットワーク化の呼びかけに賛同した人々が、現代遠野物語の主役なのです。
　かれらは、非営利組織と行政のコラボレーションはもとより、文化人、知識人、そして企業人の支援を得て、遠野のグリーン・ツーリズムのネットワーク化に取り組み、農家体験、曲り家など居住体験、見学研修など、協働でのプロジェクトを実施し、これらの経験を踏まえつつ、学習や文化交流などの情報を共有すること、などを目的にしていました。
　そして、この中で交流人口が飛躍的に増加し（年間3千人規模）、民泊受け入れ家庭は、2014年12月の時点で約150軒に及びます。人口3万人内外の都市で、この数字には驚くほかありません。この交流人口の増加が「マッチング」と呼ばれる来訪者と受け入れ家庭との互いに希望の摺合せや調整の努力、経験の積み上げによる「的確なマッチング」によって、リピーターの増加と、アイターン希望者の増加や受け入れが進んだのです。ここで、遠野市における最近の転入者と転出者の動向を全国や東北各県と比較して見ておきたいと思

います。

　表1「地域再生のための基礎的データ人口社会増減数」は、総務省自治行政局市町村課『住民基本台帳人口要覧』(調査時点各年3月末)などを、週刊東洋経済臨時増刊号がまとめた数値です。

　この数字で、転出者は高卒など若者が多く、また、被災地は災害による避難人口をも含んでいます。これに対して、転入者はIターンが多く、Uターンが続きます。この数字で見ると、遠野市は、2011年度では、転入者が転出者を44人も上回るという驚くべき実績を示しているのです。2013年度は、厳しい数字で、マイナス73人ですが、全国的にはこの差は、6〜7万人規模の大きなマイナスでした。北海道、東北各県は、宮城県を除いてマイナス傾向が継続しています。

　この統計が意味するものを考えるとき、遠野市への転入者が転出者を上回るという成果を上げた背景には、遠野市民が遠野ツーリズムなどの独自の政策を通じて交流人口を増加させながら定住人口増加を図ってきたことが貴重な「基盤づくり」となっていると判断しうるでしょう。

　それと同時に、2013年度が従来の方向性だけでは対処しきれないことを示

表1　地域再生のための基礎的データ人口社会増減数（単位：人）

地域	転入者	転出者	人口社会増数（転入－転出）	
	2012年度	2012年度	2011年度	2012年度
全国	5,068,175	5,137,166	-75,454	-68,993
北海道	197,992	208,292	-6,754	-10,300
青森	37,554	44,342	-5,727	-6,788
岩手	39,327	41,608	-5,732	-2,281
宮城	111,260	106,541	-6,397	4,719
秋田	23,037	27,950	-3,644	-4,913
山形	29,112	32,949	-2,455	-3,837
福島	49,243	60,530	-34,637	-11,287
遠野	737	717	44	20

地域	2013年度		
	転入者	転出者	増減数
遠野	702	775	-73

週刊東洋経済臨時増刊『地域経済総覧2014年版』第6489号。2013年10月刊、296-299ページ。2013年の数値は、同『地域経済総覧2015年版』第6490号。2014年10月刊、299ページ。

しています。表2は、遠野市と京都市の人口減少率を比較しますが、2014年度までの5年間における平均人口減少率は遠野市がマイナス5％に対し、京都市マイナス0.5％です。

この差を説明する要因は、両地域の人口規模や地域特性に大きな差異があるため、比較することはできません。しかし、遠野における地域コミュニティからの市民ニーズを受け止める限りでは、「遠野に高等教育の場がない」との指摘が多かったのです（高橋正道・池上惇ヒアリング「遠野地域コミュニティの市民ニーズについて」2014年7月、於・遠野みらい創りカレッジ）。高校卒業生の多くが盛岡など、中心都市の大学に進学することが多く、遠野に帰ろうにも、都市で身に着けた職業能力を生かす場がないという指摘なのです。

京都には質・量ともに充実した高等教育機関が密集していて、交流人口が4年以上大学院まで進学すると、さらに2年（修士課程）、その上に3年（博士課程）を積み上げています。また、通信制や社会人入学を積極的に受け入れてきたので生涯学習・研究を視野に入れた交流人口の増加が展望できます。この背景には、「京都でなければできない」学術研究や、教育研究を推進する人材が京大をはじめ、多くの大学や大学院で蓄積されてきたことが挙げられるでしょう。

実は、遠野にも、「遠野でなければできない」学術研究や教育研究の内容が人から人へと継承されてきていて、文化誌『パハヤチニカ』の内容や、遠野文化研究センターの研究・講座の内容は、遠野に根差した学術研究の伝統を示唆してきました。さらに、遠野には、在野の研究者が各領域に多数存在します。また、農業、林業、建築業（文化財保全を含む）、建設業、馬関係産業、

表2「遠野市・京都市における人口減少率の比較」

	全国	遠野市	京都市
面積（Km²）	37,796	826	4,613
人口（人）	1億2,600万	2万9,300	13万8,000
人口増減率（％）	-0.5	-5.0	-0.5
人口自然増減数（人）	-237,500	-309	-2,674
人口社会増減数（人）	-21,200	-73	194
合計特殊出生率（人）	1.38	1.69	1.16

出典：同表1

伝統工芸産業、鉱山・金属加工業、精密機械工業、商店街・商業、医療・看護・福祉サービス事業、など、多様な領域において、職人の技と文化が存在し、それらを身に付けて文化資本として創造的な成果を生み出すことのできる人材が多いのです。

　しかしながら、残念ですが後継者が遠野に定住して、これらの職人能力、文化資本を継承して創造的に発展させることのできる人材は少ないのです。このギャップを埋めることこそ、交流人口増加を定住人口増加につなげる鍵と言えるでしょう。

　そのためには、高等教育機関を設置するだけではなく、長年にわたって、遠野に蓄積されてきた、自然資本や景観、地元における伝統文化や文化財など文化資本を継承する場を、同時並行的に開いてゆく必要があります。

　後継者の不足が目立つ一方で、遠野は超高齢者の比重が高く、健康長寿の地域であり、同時に、女性が一生のうちに子どもを産み育てる指標である「合計特殊出生率」も高いことがわかっています（前出、表2参照）。健康長寿で、子育ての実績も高い。すなわち、この地は住みやすく、子どもを育てる環境、自然や社会の環境も整っているのです。

　遠野において、このように多様な独自のシステムが開発されてきたことは、遠野の研究が、今後の日本における各地再生のモデルとして大きな可能性を示唆していること、このような研究成果を情報として発信し、各地との交流のなかで互いに学び合い、育ちあう関係が構築しうることを示しています。

　東北地方は、一方では豊かな自然資源に恵まれ、森林や海洋、両者をつなぐ河川からの恵みや富は金山など鉱山開発による富と相まって、潜在的には幸福な人生をもたらすかに見えます。しかし他方では、厳しい自然環境、地震・風水害・伝染病・旱害・豪雪のただなかにあったのです。

　江戸時代天保の危機には、ヒトを喰う災害も起こったといわれます。また、豪雪の下での生活環境は、家内の生業や工芸文化をはぐくみ、祭りや四季の習慣は、京との交流の中で、高い文化を生み出していきました。厳しいからこそ、学びあいの中で、高い芸術的表現力が生まれたのでした。

　『遠野物語』の背景には、山の民と里の民との葛藤や平和、共生と並行して、一方には、地下資源の開発（砂金・金鉱石・鉄鉱石の掘削・精練・産出・武器・

日用製品の製作)・馬の生育・合戦での騎乗戦術への応用等独自の文化や技術の開発が推進されました。

他方、豊かな生産力を秘めてはいるが、もともと南方、西方の稲作文化が寒冷の時期を持つ東北へと持ち込まれてきました。冷害に直面しながらの豊かさの追求は、学びあいの機会さえあれば高い技術・技能の力を生み出し、精神的にも極めて強靭な人材を生むのです。

いま進行中の、都会文化と遠野文化、京都文化との交流も、この分野の創造的再生への道を開くかもしれません。そして、今後は大きな文化経済へと日本経済を変えてゆく要素を含んでいるのです。

そのような意味で、この遠野を「日本人の"心の故郷"、地域発展のモデル」地域とみることもできるでしょう。

Ⅰ 遠野スタイルの確立と発展

❖ 自然と共に循環型社会を

岩手大学の山田晴義先生が、2004年に刊行された遠野研究の成果『遠野スタイル』(ぎょうせい)の副題は、「自然と共に循環・再生し続ける永遠のふるさと」でした。

遠野スタイルも、縄文の山と森・鉱山の時代についで、厳しい軍事的抑圧に苦しめられながらも西からの弥生農業を導入しつつ学習を通じて異文化との共生を実現してきました。

山・森・鉱山を生かしつつ、里山・里地に、地域固有の自然から学んだ民話と結いの精神(困ったときはお互いさま)を生み出します。この場で、山の民と里の民が学びあいながら、探求心と冒険精神を持ち、伝統的な馬搬や農林業と、先端技術を育む製造業が共生し、商都に町衆が生まれ、域内の循環型経済と、広域的な経済交流が発展してきました。

さらに、遠野も京都と同様に、農・林・地場の産業を結ぶ町衆(商業と祭り)が生まれ、互いに学びあって類まれな美と機能をもつ"自分たちの心のふるさ

と"（山紫水明・神社仏閣・墓地・曲り家・水車）を生み出します。

　各地区に福祉、教育、文化、産業の交流センターを持って市民自治力を養うなかで、棚田をはじめ、典型的な農村空間における景観や伝統の美を持続させ、3万人に及ぶ人口を養い、遠野型グリーン・ツーリズムを基軸として、交流人口を増加させ、農林・地場産業から商業、近代的工業（遠野らしく小さくても世界企業）、デザインと伝統産業の結合、多様なサービス業や情報産業、再生可能エネルギー事業を育ててきました。

　ここにも、自然の生態系を尊重しつつ、水を汚染から守り、廃棄物を減少させて、環境負荷を最小にする「循環型社会」への志向があります。

　遠野人は、産業・生活における、すべての面で、一人ひとりが循環型社会を継承して新たな状況に応答しつつ、実践する力量を身につけてきました。この動きは、仕事だけでなく、生活における多様な祭りや健康を維持する自然環境、生活習慣を産み出しています。

❖ 健康長寿・子育て環境づくりから新たな人づくりへ

　このような文化的伝統は、「子育て」「健康長寿」の環境を産み出し、出生率の高さや長寿者の多さで日本の最高水準を実現してきました。

　また、ここで蓄積された、多様な職人の力量は、大都市などから多くのＩターンを惹きつけ、定住人口の増加に貢献してきました。

　しかし京都と比較しますと、学術・芸術活動の集積が弱く、高等教育機関を欠いていて、探究心と冒険精神、開拓者精神を持つ遠野人が日本や世界に目を向けながら、絶えず、遠野に立ち返るという新たな人流を生み出すには至っていません。

　その結果、ともに実践する中での試行錯誤の経験を次世代に伝え、次世代が熟練・独創性・技巧や判断力をさらに深めてゆく実績が不足しています。

　まさにそのときに、遠野市と富士ゼロックスの協調によって、地域コミュニティのニーズが受け止められ、「遠野みらい創りカレッジ」が誕生し、学術・芸術の集積が始まろうとしています。

　遠野スタイルは、「異文化を受け入れ、自然とともに、日本における"心のふ

るさ"を創生しつつ循環型社会を構築することです」。その社会の中で、農・工・商・サービスを担う職人、すなわち、この地に蓄積してきた固有の"技と文化"を持ち、遠野の持続的な発展を担う人々を生み出してきました。

「異文化を受け入れ学習し、自然とともに、循環・再生し続ける永遠のふるさと遠野」

これを新しい人づくりによってさらに前進をめざすみらい創りカレッジ。いま、遠野人の持つ文化資本と、京都人の持つ文化資本が交流しつつ、学びあい、育ち合いを実現するとき、何か新しいものが生まれるに違いありません。

II 大災害が生み出した東京・神奈川との縁
——富士ゼロックスの復興支援活動

❖ 大都市型文化資本と農村型文化資本の対話

さらに、このような場に、世界市場の厳しい競争に耐え抜いた東京・神奈川に拠点を持つ富士ゼロックス㈱の企業文化や、都市文化、科学者・技術者・経営経験者が加われば、そこに、何が加わり発展してゆくのか。

第二次世界大戦後、農地改革など、農村振興を生み出す政策は、都市と農村の共生を実現するはずでありましたが、現実には、国土の総合開発計画など、国家財政に依存した都市、地域の開発が中心となり、大消費地や海外輸出、官公需に依存した、東京一極集中体制が生まれました。他方では、農村から都市への大規模な人口移動、企業の海外進出が進む中で、地域は自動車、電機製品、石油などの市場とはなりましたが、食料の自給率は低下し地場産業の市場は縮減されました。

これらの結果、過疎地の拡大、都心の空洞化などの傾向が顕著でありました。農村から都市への人口移動の流れ。この動きは止めらない。誰もがそう思っていました。

しかし、そうではなかったのです。

遠野は最近まで、社会増といわれる外部からの転入者が転出者を上回って

いました。これは、Iターンの流れが、都市から農村へと向かったことが大きな原因です。そこには、遠野であれば充実した人生が送れると考える若者や中高年の「新しい生き方」があったのです。それは、遠野という地で、放牧や馬搬など馬を育てる"営み"の魅力、営農の魅力、遠野ツーリズムの魅力、他地域の文化を受け入れてくれる遠野民泊の魅力、など、実に多様で力強さを感じさせます。遠野に根差した「まちづくり村おこし先覚者」各位は佐々木喜善の生き方を継承され、東北まちづくり実践塾（仙台、東京にオフィスあり）、6次産業ボランタリー・プランナー（農水省）、東北地域農商工連携伝道師（経産省）、地域活性化伝道師（内閣府）など、全国的広域的なネットワークを組織されて、人々に学習とコラボレーションの場を持続的に提供してこられました。また、遠野には、いくつもの「生きる目標をもった」ネットワークがあり、互いに協力し合って産業や生活を支援してゆかれます。これらの"営み"を過去から現在へと継承するために、先人から次世代への「語り」を文化誌として毎年刊行されてきた「パハヤチニカ」（アイヌ語で早池峰山＝遠野の最高峰・金山を拓いた山法師が開祖の神社あり現在の当主は36代目）も注目されます。

　このような動きを決定的に後押ししたのが、「農村から都市へ」ではなく、「都市から農村へ」という根本的な転換をめざす企業の動きでした。

　この動きは、3.11の震災復興支援を継続する中で始まります。

　富士ゼロックス㈱は、医療業務に従事する多くの方々と議論を重ね、在宅医療を支援する「患者情報統合システム」の構築を実現しました。2011年10月、同社は盛岡に復興支援室を開設し、釜石、大槌にある25ヵ所の仮設診療所に、プリンタやコピー機能を備えた複合機を提供された。この活動を契機にして、同社は、営業担当者だけでなく、スタッフ部門や開発経験者など、多様な人材「ニーズを発見して仕事を開発した経験者」たちを被災地の仮設居住者の集まる診療所に派遣しました。人々のつながりという文化的伝統を踏まえ、自然と健康を最優先した取り組みであります。

　ここでは、大規模な生産の集積が生産性を高めるのではなく、コミュニティのニーズを把握し、多様な人間関係を生かしつつ、ニーズに応答する。地域分散的で自然と共生し、顧客志向のコミュニケーションを媒介とした信頼関係がうまれました。

これからの時代の、新しい事業活動のモデルの一つが誕生したのです。
遠野においては、コミュニティとの対話の中で、都市と農村の文化交流を生み出し、遠野文化資本を継承しつつ、産業と生活における遠野スタイルの持続的発展を図る「触れ合うように学ぶ場」として「遠野みらい創りカレッジ」が誕生しました。
　このなかから、企業、大学院、自治体のコラボレーションによる新しい教育システムが生まれつつあります。
　旧土淵中学校の校舎では、いま「遠野みらい創りカレッジ」が、遠野市と富士ゼロックスのコレボレーションによって、小、中、高から、社会人まで、幅広い年齢層の人々が交流し、学び合い、育ちあいの場を産み出し始めました。とりわけ、中高校生たちが、都市の「仕事の達人」たちから学んでコミュニケーションの力量を高め、学ぶことによって、生きる力を身に着ける動きが広がっています。
　また、遠野ツーリズムを通じて海外や日本の各都市からの「遠野での学び」を実行する動きも広がっています。
　地元からも仕事や生活の経験を交流して新たな事業にも挑戦したいという動きもあります。これらのなかから、これからの「遠野でなければできない学校づくり」の方向を考えてみようではありませんか。

III　遠野以外ではできない学術研究拠点づくり
──家庭、企業、自治体における「災害リスク管理システム」について

　遠野市は長い歴史の中で大災害における後方支援拠点として遠野の智慧や人材・地域資源を生かした支援活動を行いました。このような地域は日本でも世界でも極めて稀です。
　その意味では、日本や世界における「災害リスク管理、復興支援・潜在的ニーズの発見、資源開発システム」の最先進地です。
　その貴重な歴史と経験を理論化して、地元から「研究教育者」を育て上げ、世界に通用する復興システムを開発して、遠野市民だけでなく、日本や世界

の人々に対して経験を総括して学び合い体系的な研究教育システムを構築することは喫緊の課題です。

そして、世界の大勢も、このような学校づくりや、研修の機会づくりを強く求めています。

一例を挙げますと、世界の投資家たちが、「地球温暖化」「大災害」「社会変動」などのリスクに対応できる人材をもつ企業でなければ、投資できない、と、言い始めているのです。投資家に提供される報告書を「財務とCSR（企業の社会的責任）の統合報告書」と言います。

企業が、このような人材を雇用して活用できることを示すには、遠野のようなところで、専門的に教育を受け、研修を受け、実習にも参加させて、現場に通用する人材を育て、この実績を企業の決算期に営業報告とともに、投資家に報告しなければなりません。

従来、投資家への情報提供といいますと、短期的で「金銭的な価値の増加」をめざす金融情報が主流でした。

ところが、地球環境問題や、大災害の発生、格差拡大や社会の分裂傾向など、最近では、急激な変化で企業が倒産したり、紛争が拡大したり、地域が荒廃したりするリスクが急増しています。また、投資の主体も、大企業や事業家の利殖のための投資だけでなく、社会保険基金などの非営利目的で、長期的な視野で安定した投資の必要性が拡大してきました。

そうなってきますと、自然変動や社会変動を視野に入れた長期的な「企業の財務情報と変動に応答しうるCSR情報」が重視され始めたのです。

世界的な流れから見ますと、とくに、EU関係の投資には、このような情報が不可欠になりつつあります。残念ですが、日本やアメリカは、まだ、「短期重視」の傾向が強く、大きな課題となっています。

このような視点から見ますと、富士ゼロックスの震災復興支援活動などは、まさに、投資家にとって、最重要なCSR＝企業の社会的責任を果たす活動、すなわち、企業が社会的責任を果たしているかを示す活動情報です。そして、遠野の後方支援活動や富士ゼロックス㈱の活動は、自治体やコミュニティ、そして研究団体や企業とのCSV＝共に価値を生み出す活動でもあります。それは、企業が自治体や非営利組織と協力して自然や社会のリスクに対応する活

動をしているかどうかを示す貴重な活動情報でもありました。

　これらの動きは、最近の経営学では、企業の災害リスクを、企業における損害の発生という次元で把握するだけでなく、地域における住民の生命や生活における障害の発生として把握していることを示しています。いわば、社会問題を企業にとっての他人事ではなく、自社の将来にかかわる根本的な問題として理解し行動していることを示しています。

　地球環境問題や大災害問題、地域の人口減少問題などが経済にとっての最大のリスク要因となり、リスクに対して、事前あるいは、事後に、応答できる人材の養成。これが強く求められているのです。

　そして、このような人材が育つ場は、都市における情報・コミュニケーション技術の集積を踏まえつつ、農村部や地域における災害の予測と準備活動、災害時の復興支援活動が蓄積され継承される場です。このような場は、遠野をおいて他にはありません。

　このほかにも、遠野市民との対話や遠野・京都文化資本研究会での議論の中で「遠野みらい創りカレッジ」で行うべき研修や講義、演習、実習などの科目名が次々と登場しています。

　例えば、市民との対話では遠野に"高等教育の場がない"との声があり、声の背景には高校卒業生が地域外へ転出するという実態があります。そして、遠野に帰りたくとも仕事がないと云われています。京都と比較して最も深刻なのは、この声です。

　また、大学・大学院づくりは地元での就職との関係で見ますと、看護関係の人材確保では行き届いた奨学金制度によって地元に人材を確保してきた地域もあり、現行の奨学金制度ではできない地元学生支援の可能性も拓けます。さらに、教育だけでなく、研究開発が産業や生活の死命を制するほどに重要性を増している昨今では研究者を地元に蓄積することも最重要な課題の一つです。

　さらに、遠野には「遠野でなければできない」学術研究や教育研究の内容が人から人へと継承されてきていて在野の研究者の層が厚く、農林業をはじめ、多くの産業において、職人の技と文化、人材があります。

　そこで、ここにおける大学や大学院づくりは、従来の大学にはない、新たな

システムを創造的に開発しなければならないでしょう。

　一つは、「災害復興分野を含めて地元の職人・文化資本を継承・発展させる教育研究システム」の大事さです。

　このためには、教員を従来のような大学関係者のみでなく「地元の職人、産業人、行政人、学術人、教育人、文化人など、地元の各位と、それを支援しうる産学公共の専門家・研究者とのコラボレーション・システム」の構築です。いま、「遠野みらい創りカレッジで」は、「遠野で仕事を起こし地域を創り、人を育て文化を高める"自由空間"」ともいうべき、多様な交流や研修の機会が生み出されており、これらの経験を活かした総合的なシステム構築が求められています。

　いま一つは、従来のような教室での講義だけという学校ではなく、「農業をはじめ多様な産業実験の場」を持ち、手仕事、道具、機械を活用した現場を持ち、地元と外部の専門家が協力して実学が実践できる場を持つことです。農場や森林の場、工芸の場、商業の場など、空き校舎や校庭周辺などを含めて遠野には多くの可能性があります。

　三つ目は、産業実験や奨学金制度を含めて無利子無担保融資を行う信託基金制度の必要性です。産業における実験は補助金や研究費のように支出するなかで成果を上げるだけでなく、実際に、成果を市場に出し学校で買い上げて活用するなりして採算をとる訓練をしなければなりません。後継者育成の場合にはベテランの職人や経営者が責任を持って産業実験を行うので貴重な実績や事業基盤となります。また奨学金制度も、給付ではなく人的能力への投資として確実に稼得能力を身に着けさせ、学校が仕事のあっせんや開拓に責任を持って、所得を確保させる支援活動が必要です。また、奨学金の返済形式は単に現金を回収するのではなく、教育研究能力を身に着けた人材は学校で教員として後継者育成に奉仕していただき、返済を免除し、返済は学校が基金に対して行うような配慮も必要です。

　新たな学校づくりに向けて知恵を出し合い、後継者の確保に全力をあげましょう。

　後継者の不足が目立つ一方で、遠野は超高齢者の比重が高く健康長寿の地域です。出生率も高く子育ての実績も高いのです。この実績も重要な研究

対象でありましょう。

　このような研究教育領域としては、以下の内容が構想できます。

① 遠野災害復興支援システム
② 遠野ツーリズムなど交流人口と定住人口を研究教育するシステム
③ 馬に関わる産業と文化のシステム
④ 健康長寿・子育てシステム
⑤ 多様な産業の熟達・創造性を継承発展させる文化資本育成システム
⑥ 仕事・生活と芸術文化活動を統合してきた伝統を持つ遠野文化経済システム

　これからの課題も少なくありません。ですが、遠野人の築いてこられた伝統文化と探求精神、職人の力量と、文化資本の蓄積は必ずや直実な歩みを実現されるでありましょう。

第二章
グローバリゼーションの渦に耐えて光る京風

I 商人道から地域復興へ
―― 石田梅岩と二宮尊徳

教育事業家・商人道研究者　中野健一

　思えば、私の人生は、教育事業家として、人材育成に関わり10年以上になる。特に起業家を育成することが多くあったため、リーダー育成の日々であったともいえる。また、その一方で、京都に生まれた宿命として、京都の伝統文化の発信者として、寺社、茶道家元での企画をさせて頂く機会にも恵まれた。

　そう思うと、私の人生の課題は、事業家としての経済的立場と文化発信者としての文化的立場を行き交いながら、経済と文化を現代的に統合化することであった。そんな中で、文化経済学の指導者であられる池上惇先生の御縁を頂いた。まさに、経済と文化の統合化を探究する私にとって、池上先生という学問の師を戴けたことは天の計らいであった。学問という形で、先人の叡知にアクセスする方法を池上先生から指導を受け、授けて頂いたことは現場経験のみであった私には大きな視座と叡知の読解と具現化という強力な力を与えて頂いたのである。

　私は、長年日本の文化的素地を持った起業家やリーダーを生み出すことが日本再生の道と信じて活動してきた。しかし、その信念の根拠は個人的な想いでしかなく、本当の意味での確信には至っていなかったのである。そんな状況下で、池上先生から日本の商人道の先駆者である石田梅岩と二宮尊徳の研究へ導いて頂いた。おそらく、池上先生から指導頂いていない限り、この二

人の偉大さには一生涯気づくことはなかったであろう。私は、梅岩と尊徳は日本文化を踏まえた日本の商いの型を創造した最重要人物であると確信できたのである。

梅岩は江戸時代初期、尊徳は江戸時代後期の人物であり、梅岩は思想的な型、尊徳は実践的型、あるいは、梅岩は商人の公人化、尊徳は百姓経験のある大商人として農民の営農指導と水利治水などの公共事業化を民間主導の信託基金を活用してなし得たと言える。

梅岩は、儒教の「修身斉家富国平天下」を日本精神の特性に和合させて、勤労して自己研鑽をしつつ、事業収益や儲けた資金を倹約しつつ活用し、蓄積が進めば、民衆救済事業や公共事業などの社会投資に回す道を拓いた。

これはという理論と実践を構築し、貨幣経済の担い手であった商人を事業家の立場のみならず、社会性のある立場へと転換させたのである。

また、尊徳は、農民から大商人となった経験を生かして、至誠という自然の理を究め、人間が自然の恵みを理解して、自然への報恩につとめ、勤労を自然の恩に報いる事業活動として位置づけ、事業の中で自らの徳を高める自己実現の歓びへと転換させた。

この結果、事業活動から財産が形成されると、仁徳を生かし分度という発想で自他の消費活動を適切な大きさに制御しながら資金管理を合理化するとともに、資金をモデル農民（精励奇特人）育成に投資し、無利子無担保金融と奨励金を組み合わせて、奇特人・農民の技と文化を高めつつ、このモデルに学ぶ風潮を創り出した。この結果、農民が独立自営の力量を高め、農業だけでなく植林や水利工事、副業としての家内工業、商業にまで勤労の領域絵お広げさせた。これこそ、自律的な行動と経済的自立への道に他ならない。

その上で、個々人の事業や生活に必要な資産を超える財産（資金や土地など）が形成されると、それを徳の高い地域再生プロデューサー（＝尊徳）への推譲という形で「荒蕪を開く」ための地域復興信託システム（仕法）を構築する。この仕組み＝仕法を創ったことによって、重税の中で借金に苦しみ、離散していた農民を、減税や免税を実施させる中で呼び戻した。また、新たな人材を「荒地起こし」事業に受け入れて、融資と教育活動を結合しながら、荒地を豊かな農地に変えたうえで販売し大きな利益を上げて成果を信託基金に繰り入れ

た。彼は、プロデューサーであっただけでなくディベロッパーでもあったのである。こうして、彼は、幕末の荒廃する地域社会を再生していった。10年、20年という歳月をかけて人々が所得を確保して納税しうる状況を現実に創りだしたのである。仕法が終了すれば、信託された私有財産は、それぞれの所有者に戻された。驚くべき実績である。

　私は、この二人の偉大なる先人の叡知は、古典的なこととして埋葬するべきものではなく、現代社会の行き詰まりを突破する解答になると考えている。

　特に、地域復興という具体的なことに関しては、二宮尊徳公の仕法の発想の現代的意義が非常に高いはずである。

　まず、尊徳仕法を振り返ってみよう。その根幹は四つの要素で成り立っている。それらは、至誠、勤労、分度、推譲、である。この四つを現代的意味に簡単に翻訳してみた。

　一つ目の至誠とは天道と人道の自覚である。

　現代的には、天道は、自然の理（地球環境や災害リスク、天候・地質・水利・適地作物の選択など）を踏まえつつ経済動向を知ること、人道は、仕事や生活における人の行動原理（例えば、困ったときに助け合えるかどうか、限られたものを分かち合ってともに生きてゆけるかどうかなど）を踏まえること、その上で、一人ひとりの個性を知り合い、互いに、いきがいの持てる出番や機会を提供しあえるよう最善を尽くすこと。このような人々の心の支えとなり、人々の動きを世に出してゆく覚悟をする「核」となる人が求められよう。つまり、人々の精神的支柱となり、同時に、機会を提供するプロデューサーとしての視野を持つ、真のリーダーの必要性を示唆している。

　二つ目の勤労とは、天道、人道を踏まえつつ仕事や生活に励み、楽しく自己完成に向う仕組みのことである。

　現代的には、勤労とは、自己実現に向う自発性や継続性を生み出すこと。つまり、参加側からの成功モデルとなるスターが勤労の現代的なシンボルとして必要となる。

　三つ目の分度とは、天候、災害、環境変動を認識しつつ、経済的分析を詳細にして、企業であれば、社会的責任を果たしながら、財務方針を決めることである。

現代的には、分度とは、統合報告書のような、CSR活動と財務報告を総括した現状把握であり、予想されるリスクと、チャンスを織り込んだ収支の把握である。つまり、社会問題の解決と事業活動を両立しうるマネージャーの必要性を示唆している。

　四つ目の推譲とは、事業活動や生活の必要を超える余剰財産を生み出して、徳が高く経営に通じた大人物または委員会などに信託し、長期計画で地域の創生を実現する仕組みを生み出すことである。

　現代的には、推譲とは、経営者、市民、自治体、政府などが、信頼できる地域開発主体に、資金や土地資産、株式、預貯金などを信託し、この主体が年次予算と、長期予算を組んで、植林事業・利水治水事業など、インフラストラクチャーの整備と、地域と産業を担う多様人材育成に投資しながら、融資と人材開発を同時並行的に実践することである。

　このことは、一つ目のリーダーのところでも指摘したように、生きがいの持てる機会を提供して、協働の場を産み出すプロデューサーの必要性を示唆している。

　そう考えると、商人道を現代に活かす条件は、日本の地域文化や企業文化を継承しつつ、伝統を今に活かしうる現代経営のプロフェッショナルが、内外の資産を信託され、それによって、産学公共によるインフラストラクチャーを整備し、産業・生活の担い手を育成し、仕事などを実践することにある。

　つまり、地域復興における最優先の人的準備は、①精神的支柱であるリーダー、②地域住民の中からその仕組みに参画し成功モデルとなるスター、③現状分析と運営ができるマネージャー、④価値を発見し、利益を生み出す仕組みをつくるプロデューサーなどをその地域の人から生み出すことである。

　最後に、商人道の発展という視点からみて重要な視点は、リーダーは、人々が機会を得て活動しうる「場」をつくることに徹すること。その意味では、リーダーは演劇の舞台監督と同様に、表舞台に登場するのではなく、市民一人ひとりを、舞台の上で、演技する俳優のように、個性にあった出番を準備することである。

　この「地域の」舞台から生み出される、文化性の高い財やサービスは、各地の市民にとっての、産業や生活の共通の基盤となる。その影響力や文化力

は、顔の見えるところでは、俳優＝住民の役割が極めて大きい。地域ブランドや、グリーン・ツーリズムの素晴らしさ、交流人口の増加や、地域の魅力が生み出す定召人口の増加も、市民の出番によって、生み出される。舞台監督は、その文化力や学識・技術、人徳において最高の力量を持つが、演技を行うのは、市民自身そのものである。

現代産業は、「劇場型」をしているとは、故梅棹忠夫の卓見である。私たちは、いま、このような時代に生きているのだ。

実は、尊徳も、当初の小田原での仕法では、最初、上からのリーダー的な発想で行い、農民が離反して大失敗した。不動山にこもって修業したのち、そこで、考え方を180度変えて、地域住民に出番を提供し、住民が自分たちで実行できるやり方を貫き、相馬仕法では、地域のスターにあたる精励奇特人も、尊徳が決めずに、自分たちで決めるという投票や評価システムを行ったことである。この自分たちという視点のもとで、現代版尊徳仕法が実現できれば、復興の人的モデル、スター誕生の時代を提示できるのではなかろうか。

II グローバリゼーションを生かす
　　京都文化経済の構造

ジャパン・デザイン・プロデューサーズ・ユニオン　理事　木林威夫

❖ 世界一の文化観光都市京都の誕生

グローバリゼーションという言葉が経済界に登場し普及してきたのは、第二次世界大戦後である。

第一期は、1970年代（アメリカ多国籍企業の台頭）、第二期は、1990年代（ソ連の崩壊による市場経済原理の世界規模での浸透）であった。

現在から回顧すれば、既に40～50年を経過し、その地球規模での影響力、変化の規模、そして、各地に固有の技や文化に対する破壊力の大きさから、しばしば、「グローバリゼーションという名の怪物が世界を闊歩している」とも

言われてきた[*1]。

　いま、仮に、グローバル化とは、文化、社会、経済の「地球規模化」であるとしたならば、世界市場という地球規模の経済において、最大、最強の競争力を持つのがアメリカ系金融会社と多国籍企業であることは誰もが認めるところであろう。

　そして、彼らの経済力がアメリカ以外の各国に浸透して、彼らの経済モデルを世界標準としながら、各国経済をつくりなおす力をもち、各国経済の持つ固有の文化的伝統や独自性、多様性を生存競争によって淘汰してしまう傾向が強まってきた。

　ヨーロッパの文化的伝統を最も強く継承してきた、オーストリアの首都、ウィーンの街角でさえ、我々が出会うのは、世界最強のファスト・フード店、マクドナルドであった。

　この食文化は、各国固有の食文化の対極にあるもので、「安価で便利」であるがゆえに世界の若者の行動様式を変化させ、個性的で多様な文化的伝統に触れて感動する機会を間違いなく縮小している。

　これほどは露骨でなくとも、金融からサービスにいたる産業と生活のあらゆる分野で、「アメリカ化」とよばれる現象が浸透し、生活様式を標準化・画一化してしまう。それだけに、マクドナルドのチキンに異物が混入すれば、その悪影響は計り知れないほど大きい。

　アメリカ化という形を取った経済のグローバリゼーションは、各国経済や生活様式にとって、かなり、厳しい結果をもたらしているように見える。

　日本社会でも、このような意味でのグローバリゼーションは有難いものではない。

　しかし、ここで、京都経済に眼を転じると、確かに、アメリカ式量販店は花盛りのようではあるが、そのなかでさえ、京野菜や地元の食材の比重が急速に浮上してきた。形はアメリカ化であるが、中身は日本食文化の伝統が再生している。おや、と思わせる。これなら、伝統的な八百屋が復活してきても不思議ではない。そのうちに、スーパーの中に古典的八百屋の鉢巻きを締めた威勢のいい、店主が登場するのであろう。

　京野菜は、地元の職人技と文化を持つ人々が、京都の文化的伝統を今に

活かしてつくりあげた貴重品である。これを、世界からの観光客が歓んで賞味してくれれば、アメリカ的生活様式を逆手にとって、日本的生活様式を世界との交流の中で、各国固有の文化に触れつつ、互いに学び合い、育ちあって、共生ながら、共に、発展する道を歩むことができるのである。

　京都もまた、グローバル化の嵐の中にあるが、毅然として、かつ、柔軟に、これを受け止め、多くの困難を抱えながらも、グローバル化の負の資産である「文化、生活、社会、産業、行政などの画一化」の弊害から免れて、日本固有の文化的土壌を維持しつつ、世界水準の文化や社会、経済を持続的に発展させ、世界一の文化観光都市、ある意味での"理想の姿"として高い評価を受けてきた。

　そのようなことができたのは、なぜか。

❖ 観光世界一の背景──創造都市京都の存在感

　国際的なブランドコンサルティング会社のフューチャーブランドが毎年恒例で行っている国別ブランド指数において、2014年11月、2014年度は日本が世界一ブランド力がある国と発表され、世界でも信頼の高いアメリカの経済誌Forbesでも発表された。

　また、京都は、世界で最も影響力ある旅行雑誌アメリカのトラベル・アンド・レジャーによるアンケートで、2015年度の世界一行きたい都市に２年連続で選ばれている。

❖ 京都企業における健康長寿の秘訣
──世界で安定して公正に競争できる体質

　企業としての持続可能性を検討すれば、京都が、観光において、魅力を持ちうる原因の一つが解明できる。それは、京都の長寿企業が持つ技と文化の質の高さであろう。経済が持つ文化的伝統とは、信じがたい話であるが、これが、京都産業の究極の国際競争力でもあった。特徴を挙げよう。

- 真似ができず、したがって、価格競争に巻き込まれない。世界の中でも群を抜いた技術や魅力を持っている。
- 長期にわたる伝統の中で鍛えられた職人技や文化を、製品や経営手法の中に込めているので、画一化になじまず、多様性（個性）を持続している。近年それを発信し認知してもらうことも容易になってきた。
- 生産者、媒介者（商人や経営者）、顧客の関係が信頼資本ともいうべきものを共有していて、アフターサービスや、価格に合ったサービスを確実に得られるという信頼がある。商業における品格ともいえる。
- ローカル（経済活動をする地域）の多様性（個性）を守り、多様性を認め合って、調和することを前提とした企業活動の習慣がある。
- 市民のなかに、知識人、学術人、職人など、文化的教養を持った専門家が多く、かれらから学ぶ学生数も多いので、長期的かつ世界的な視野をもって行動する機会が多く、環境や教育にも積極的に取り組む伝統がある。
- 経営は身の丈に合った規模に自制するので、量産型経営にはなじまない。地域の伝統文化を意識すると、規模の経済を追求するには、ある意味での限界があることが自覚されている。
- 前世代から継承してきた質を守り続けるほどに価値が高まる独自の文化を持っている。
- 守・破・離の精神で伝統文化を今に活かすイノベーションを持続し、時代の流れを生かしながら、グローバリゼーションを活用して生きる感性と術をもつ。

これらの諸特徴は、意外にも、職人能力や創造性、消費者と職人を媒介する「経営者や商業（プロデューサー機能を持つ）」の台頭など、現代経営組織論の新潮流と合致しているようにも見えてくる[*2]。

❖ 探検精神をもつ市民と経営者

　京都学派と呼ばれた、今西錦司や梅棹忠夫は、文化人でありながら、未知の荒野や、山野・砂漠をかけめぐることを厭わない冒険ともいえる人生を送った。

京都の経済人も、経済の世界に閉じこもるようなことはせず、探検精神を持って、新たな世界に挑戦してきた。この精神は、各地の文化と交流し、学び合い育ちあいの機会をつくる。このために、京都よりも古くて伝統のある都市から、構想力や新しい考え方を学んで、自分自身を成長させようとする志向を持っている。

　他方、京都は古都として、外国人だけではなく多くの日本人が日本で最も古く歴史ある都市と思いこんでいる。

　しかし、歴史的には、奈良の方が歴史があるし、経済的な文化といえば、大阪の方に部があるのは当然である。それにもかかわらず、なぜ、日本人の「心の故郷」とよばれるのか。おそらく、その理由は、古代中国における最先端の都市計画と周囲の自然や里山を往復して双方から学習する逞しい文化的伝統を持っていたからではないだろうか。

　京都は、市民活動や景観条例によって、風俗営業や、派手な看板、超構想ビルを規制し、町屋の現代的再生に多くの力を割き、伝統の祭りや四季折々の生活習慣をグローバリゼーションから学びつつ再生してきた。

　さらに、京都は、都であったということもあり、日本中から文化や芸能、宗教に関わる総本山が結集し、ある種の「集合知」を集めて、都市がつくられてきた。個性的な、多様な建築物などが共生するには、全体がしっかりと設計（デザイン）され、絶えず、創意工夫されて改良されなければならない。

　京都は、一見古い街に見えるが、ただの古い町ではない。パリやミラノとも似た側面があり、伝統文化を、それぞれの時代に生かす技や智慧をもつ。例えば、過去の美しい遺産を現在風にアレンジしつつ再生したり、新たな技術にも伝統を取り入れる。伝統の型を踏まえたデザイン力によって貴重な魅力を生み出す。

　温故知新を地で行くような迫力。これが、京都のイメージを作り守り続けてきた。

　世界遺産に認定された日本料理についても、京都料理の歴史は浅く、懐石料理を作り上げたのも大阪の吉兆であったが多くの調理職人が的確に伝統と新たな技や文化を採り入れて最高と呼ばれるものを生み出してきた。

　また、京都は御所があった影響もあり、世界的な視野で、威光を示す必要

から、工芸は芸術の領域に高まり、茶道や華道、寺社仏閣などが、栄光をも求める武家や国際交流の経験を持つ大商人の支持を得て、さらに洗練されイノベーションを起こしながら現代のイメージを築きあげてきた。

❖ 京都事業者の市場開発力──その伝統と現代性

　通例、日本はPRが下手だと多くの日本人が思いこんでいるが、京都人は、広報や、PRについても、非常に力を入れてきたことがうかがえる。

　その理由の一つは、京都では、明治維新以来、教育の中では無視されがちであった日本文化、和歌、俳句、民話、民謡、伝統芸能、日本画などを、旦那衆の教養として、経済界が支援しつつ、育ててきたことである。これは、京都だけでなく、伝統文化を維持・発展させてきた岐阜高山、金沢、遠野などとも共通している。

　さらに、神社や寺院をめぐる由来の伝承を通じて、京都には多くの逸話や物語が各所に存在し伝えられてきた。また、それらの多くが能や歌舞伎に導入されている。内容には、数百年の歴史があるとしても、普通に考えられているよりも、新しいと感じるものが多い。それらは、各時代に作り上げられ、伝承しながらも、京風に共通の無形資産であることを旦那衆や民衆、町衆が誇りとし、さらには、京都の良さを外部に認知してもらうために知恵を出し行動してきた結果である。

　例えば、世界中のだれもが知る清水寺では、中国から伝わった七福神にお多福を加え、八福神として300年前から祭っている。茶道の歴史も豊臣時代に大坂の千利休が確立したが、京都で根付き発展し今では世界中の誰もが茶の湯（ティーセレモニー）として認知している。老舗らはその歴史の強みを活かし、創業○百年を強調、また皇居御用達の掲載しブランディングを怠らない。

　一見（いちげん）さんお断り（店主とあらかじめ付き合って信頼関係が成立するまでは客として受け入れない習慣）や、一般の人では商品が購入できない楽茶碗や、敷居がとても高いと感じられる芸能界やお茶・お華の世界、私淑制度や家元制度、寺社仏閣の非公開処、洛趣会というような、京都内の業界No.1の企業しか参加できない展示会が毎年開催されるなども注目される。

手描きの着物装飾技術である友禅の職人の工房には、世界的に有名なハイブランドのスタッフが色の研究に訪れるが、データベースを超えた、天候や季節、温度、湿度など、同じ染料を使ってもその瞬間によって環境が変わるために、配合の割合を伝統で培った技術や経験で得た勘と現代の材料に合わせて変化させることで、思い描いた色をどのような状況においても完成時に生み出すことができる技術に対し、真似することは困難だと言って帰っていくという。

　また、歴史ある京都の文化財といわれる建築物の襖の装飾を担当してきた老舗の唐紙職人の話によれば、百年を超える時間が経ち、襖を貼りなおして当時の吉祥紋様を再現するという仕事をする際、数代前の担当職人からの手紙がその襖の中に忍ばせられていたという。現代の職人は当時の職人の想いを受けて仕事をする。そして貼り直しを担当する現代の職人も、数代先の子孫が貼りなおしの仕事をする際へのメッセージを襖に忍ばせる。襖の老舗は俵屋宗達や光悦といった琳派の芸術家らとも関わりがあり、紋様一つにおいてもそれにかける想いや気配りのレベルが違う。

　伝統により積み重ねた技や感性と共に、最先端の科学技術も合わせ、その時代の最高峰をめざすことを各時代で繰り返してきたことで、他が追いつけない技術力や魅力を生み出すのである。

　その職人らにふれた海外の職人らが、京都の素晴らしさを海外に伝える伝道師ともなってきたのである。

　もともと、千年以上の歴史あるものが多数存在し、一般顧客が気軽に踏み入れることができない特別な部分や、それらを維持発展させてきた職人らが存在することで、伝統は付加価値が高まっていく。この深まりが商品やサービスの持続的な変化や発展を生み出す。

❖ 京風の共通基盤としての祭りと信頼資本

　その一方で、祇園祭をはじめ、多くの祭りが、大規模で、地域のつながりに根差しつつ、民衆的な規模で、開放的に行われて、国際的な文化交流の場を広げ、京都の商品やサービスに"深まり"だけでなく、"ひろがり"を生み出

す。各地の文化的伝統を踏まえた鉾が、それぞれに個性的につくりだされ、交流し、京都ブランドとしての今日の基盤を生み出す。

京都の生産システムは、伝統文化産業に根差した、多品種少量生産であるが、それぞれの商品やサービスに持続性と普及性がある。このなかで、職人、経営者、顧客の密接なコミュニケーションと信頼関係が持続的な事業活動の共通基盤となっている。

京都はその景観や文化を維持し続ける仕組みを作り、確固たる信頼も得ながら、時代に合わせ変化し、時代を先取りしつつ、さらにはその優位性を内外にPRし続けてきたのである。

以上の結果、義務教育の社会科で都のおこりや変遷を知っているはずの日本人ですら京都が一番古く歴史ある街と思いこむほどに進化してきたのであろう。

❖ 京都は国際的に成熟した都

京都は長い時間をかけて、「日本独自の古都」という芸術的な都市の魅力を高めてきたのである。古都という呼び方から、いかにも古く変わっていないという印象があるが、京都の職人らの技は、各時代において洗練され熟達し、それを受け継いだものがさらに磨きをかけるというかたちで進化を遂げてきた。職人らの技は熟達し「形」となる。その形を学び体得したうえで形を破りさらなる進化を生み出すという姿は「守破離」「温故知新」という言葉があるように、京都ではごく自然の姿として日常的に見ることができた。

それを象徴する一つとして、「先代の技術を60歳になってやっと体得でき、60歳から初めて自身の表現ができるようになる」という言葉を京都の職人からよく聞く。それくらい過去に積み重ねられたものが大きいという証拠でもある。また受け継いだ当代が、60歳で引退と言わず、そこからさらなる努力をもってイノベーション進化をする。そして国籍や背景に関わらず、京都の人々や風景が醸し出す積み重ねられた固有の文化に魅せられ、また京都に訪れるのである。そうして積み重ねられた誰も真似できない技術力や芸術性は徐々に広まって、世界から国際文化都市として評価されるようになったのであろう。

知性がより高度な進化した生命といわれるものほど、子育て期間が長くなると京都大学の山極寿一総長が『「サル化」する人間社会』において述べられた。アメーバは、分裂した時点ですでに成熟した機能を有しているが、人間は成人するまでに20年も要する。弱者である未成熟期間が長ければ長いほど、生命的リスクも高くなり、力を発揮するまでに多くの投資が必要になる。しかし、成熟した時は他の生命よりも高い能力を有する。もちろん、20年かけてもアメーバーが人間になるわけではないので、成熟した時に何になるかの設計（目標）はとても重要であるが、企業も都市も経済も同様であり、個人が努力を続けイノベーション（進化）をしながら信頼関係の基礎上で顧客と向き合えば、おのずと個人が属する企業、その企業が属する地域、国というかたちで、その評判は広がっていく。

　成熟度の高いものほど、育成期間に時間がかかるので、京都も長い時間をかけて現在の形を築きあげてきたのであるが、職人らが努力をして価値を高めるほどそれを悪用しようという輩が集まる、そのリスクを排除するために、特別な技術や芸術性を伴う職人の商品は一般の顧客が買い求めることができない仕組みが作られ、それがお店になると「一見（いちげん）さんのお断り」となる。またそれが寺社仏閣になると「非公開処」というように、維持発展をするためのリスクヘッジの仕組みも同時に構築されてきたのである。そしてそれが京都全体に広がることで地域の特性を守るための規制が生れ、日本国内においても京都以外の地域では「外部の企業が京都に参入することは難しい」ということが囁かれるようになったのである。グローバリゼーションの怪物も簡単には近づけない。しかし、隙があれば浸透してくるので、絶えざる学習や研鑽が必要である。

　もう一方で、洗練されればされるほどに、京都から生み出される物の価値が高まり、外部からの需要が高まる。高い技術や芸術性を求める者は、その価値を理解できる者であるということから、求めるものも一定の高い能力や感性を有している。そうして、異なる文化を持つ高い感性や能力を有した者同士が出会い交流を深めることで、新たなイノベーションが起こる。リスクを回避する仕組みを作る一方で、リスクが排除できれば大いに受け入れ交流を深める仕組みも、京都では同時に構築され受け継がれてきたのである。

❖ 流行・標準化型グローバリゼーションを制御する力量

　「流行・標準化型グローバリゼーション」では、交通や情報通信などの技術を世界的に普及させて、物流と人流における国境の壁を乗り越え、世界規模の金融・資本力が支える強力な文化情報発信拠点が構築される。この基礎上で、短期的スパンで、画一化された特定の様式が世界に共通する流行の文化として、流行・標準型のグローバリゼーションが推進されてきた。

　これはアメリカの多国籍企業などを中核とし、「画一化された標準的文化によるタテ型生存競争モデル」と言えよう。このモデルはグローバリゼーションの文化情報発信拠点にとっては、経済的価値から見てメリットの大きいシステムであるが、生存競争に巻き込まれる地域文化にとっては、文化の衰退や経済的格差拡大などデメリットが大きく、世界全体からみると、固有の文化が失われていくきっかけとなる。

　とくに恐ろしいのは、人口減少の形をとって長い歴史の中で培われてきた伝統の技や文化を持つ人々が後継者を失って立ち枯れる状態に追い込まれることである。京都は、厳しい状況に直面しながらも、工芸美術に関する後継者育成の大学をつくり、地域の学校教育の中に、伝統の技や文化を子どもたちに伝える機会を生み出し、文化財を保存し複製する技術や技能を開発し、ものづくりの型を基礎としたデザイン力を魅力の源泉として、各地から若いデザイナーや学生を惹きつけている。

　このような「後継者育成によるイノベーション」の方向性は、今後、梅岩や尊徳の研究を深める中で、さらに、具体化してゆく必要がある。

　「本来のグローバリゼーション」は、日本はじめ、各地の固有性に根差した質の高い文化を、多様な各地の文化が需要しつつ、長期的なスパンで、互いに、学び合い育ちあって成長し、後継者を定住させてゆくモデルであり、これは「文化多様性のヨコ型共生モデル」と言える。

　「流行・標準型のグローバリゼーション」では、短期的な結果が求められるために、時間をかけて積み上げる仕事は難しい。それよりも、価格競争による蹴落とし合いと弱肉強食が横行するが、「本来のグローバリゼーション」では時間をかけて自己を高め、それを次世代に受け継ぎ、他の固有の個性を持つ

地域とともに成長し合う。

　注目すべきは、両者に共通するメリットとして、「流行・標準化型グローバリゼーション」が推進した、交通・情報などのインフラストラクチャーの存在があり、これらは、物流における国際取引、人と人との交流を通じて「本来のグローバリゼーション」にとっても、大きなメリットとなる可能性がある。これらのインフラストラクチャーは、道路、鉄道、空港、港湾などの「ハード」と呼ばれる構築物であるが、そのようなインフラストラクチャーを活用する人間は、「ソフト」と呼ばれており、それらの人々が適切にハードを管理・運営し、各地に固有の職人層と、世界的に交流する顧客や消費者に「出会いの場」を生み出す。

　これを通じて、長期的な文化・経済・社会の繁栄や、文化多様性による世界的な規模での文化振興が実現してゆくのである。ユネスコの世界文化遺産認証や、世界食糧機構の世界農業遺産認定などは、このような動きを制度化したものであり、「怪物」を制御する重要な要因である。それは「もう一つの」グローバリゼーションの最上のメリットといえるのではないか。

❖ 結論と展望

　遠野には、『遠野物語』に象徴される風景や伝統が受け継がれ、今の遠野の風景を見ればそれを感じることができる。遠野もまたその文化を継承し続けてきた。

　東北の厳しい環境を、力を合わせることで切り抜け、それを次世代にも持続する。より豊かなまちが生まれる。また、「ものの豊かさ」だけではなく「心の豊かさ」を求めて、自然資本や文化資本を地域に蓄積する。

　自己（心や技）を高め、精神的にも、より豊かになり、自分自身を芸術作品であるかのように美的に表現しようと努力する人々。これらの人々が生み出す自然環境や社会環境。これらの強さが、やがて強く優しい地域を育んでいく。この過程で、他の地域からの個性的な来訪者や交流人口を受け入れる懐の深さが育つ。そして、他の個性を受け入れることでさらなる進化が可能になってきた。

　遠野と京都には、その地に生きる人々の積み重ねられた努力と、それを守っ

てより発展させようという人々の強き想いと絆、さらには他の個性を受け入れ共に成長しようという懐の深さを感じることができる。

　素晴らしい文化都市を築いた両都市においても、「流行・標準化型グローバリゼーション」の波は押し寄せている。しかし、短期的で小さな利益を優先するのではなく、これまで長い間受け継がれた人々の知恵によって、長期的な地球規模での成長を優先することで、両都市は困難を乗り越えてさらなる発展を遂げることができるであろう。

III 丹後絹織物産地における 文化資本クリエーション例

テキスタイルコーディネーター　越智和子

　京都府北部、日本海に面した半島に丹後絹織物産地がある。300年の歴史を持つ丹後産地は、室町の染下地となる白生地生産を中心に発展してきた。ライフスタイルの変化から売上はピークの時の約20分の1に減少している。そのような中、8年前、産地技術を次世代に伝えたいグループが公の援助を受け、丹後シルク有限責任事業組合を立ち上げ、専門家コーディネーターたちとジャパンブランドとして海外展を開催し、国内では和装以外にも活路を見いだそうと、二次製品の開発に取り組んでいる。

　この取り組みは、過度な工業化や均質化に対する反動として、もっと作り手の背景が伝わるものが求められ、伝統的技術の再発見をする動きが高まると共に注目されてきた。

　それに応える新しいデザインはどこからくるのだろうか？

　着物を知らない世代や、海外の人にとって和装織技術の蓄積は、感動的で、はじめてみる「宝の山」である。私と若いクリエーターは毎年テーマを設け、各機業が培った技術で実際の暮らしに合う生活雑貨の色と型、素材感を具現化し、有名百貨店で直接販売した。

　そうすると、驚くべきことに、店頭での評価を受け、創り手が自信を持ち、デ

写真1　丹後たからもの展の展示（左）
写真2　ジオメトリック帯（右）

ザイン力が向上し、地域のもつ無形の資産に気づいた。振り返ると、美しい織物を産する背景には、美しい風景、美味しい食材の土壌、水がある。人々の営み丸ごとを丹後スタイルとして編集し、先日、京都府の後援を受け、丹後のたからもの展を開催した。

その中で最も注目を浴びたのは、螺鈿織と藤織の技術をもつ2社である。この2社は、パリで開催される素材展、プルミエールビジョンに於いて、世界の卓越した匠として認められ、毎年招待されている。このような関係から、大手メゾンとの取引が成立し、メゾンデザイナーが、丹後に強い興味を持ち、RCAの生徒が年に1回研修に来るようになり、彼等の就職先とのつながりもできつつある。また、ヘルシンキの美大卒業生とのコラボレーションから生まれたのが、ジオメトリックな帯であった。

彼等は丹後素材を衣料としてだけでなく、車や建築内装に活かそうと動きはじめている。丹後の自然と共にある暮らしに共感するクリエーターたちとの異文化交流により、新しい物語がつむぎ出されようとしている[*3]。

Ⅳ 京都西陣における今後と文化資本の発展について

西陣麻畠織物代表　麻畠正資

　初めまして、私は京都市上京区、いわゆる「西陣」と呼ばれる地で、父の代より絹織物を営んでおります。今回、遠野・京都文化資本比較研究の池上惇先生から「職人力量、技と文化を中心に、これまでの西陣と今後の西陣を考えてみよ」と拝命しましたので、ここに報告させて頂きます。

　西陣織とは、応仁の乱の後、山名宗全の「西軍の本陣」の跡である地で、織物職人が集まり仕事を営んだことに由来しております。明治に入り欧州の「ジャガード織」技術を導入、絹織物の生産地として定着致しました。

　戦後、昭和時代のオイルショックによる原価沸騰、プラザ合意による為替変動、繊維輸出制限等の苦境に直面いたしました。その苦境を織機の新型化、職人技の機械化、分業化、効率化により、コストダウン、利益率の向上、大量生産を可能にすることなどで、日本の高度経済成長と共に成長してきました。

　しかし、近年バブル崩壊後、産地全体が「負の悪循環」に苦しみ、克服の道を探っております。特にリーマンショック以降の消費の低迷、少子化による消費そのものの減退もあり、さらに和装離れ、海外からの低価格品流入と価格破壊が進みました。その結果、廃業、倒産、労働環境の厳しさからの後継者不足が起こっております。

　これらの厳しい現実を踏まえながら、新しい方向を模索して参りました。すなわち、今日までの大量生産・大量消費・大量廃棄に支えられた経済、市場のシェア拡大競争、大規模化によるコスト削減、人員整理などをめざす経営ではなく、

① その土地固有の気候と環境と生産物など自然の中にある潜在的パワー、
② その土地の人びとに受け継がれてきた知恵と技、さらには文化的伝統を活かした仕事と生産物がもつ貴重な価値、
③ その土地で自然とともに暮らし、紡がれてきた歴史を踏まえ、試行錯誤の

中で身に付けた職人としての力量、
が素晴らしい「文化資本」であることに、改めて気づきました。そして「金が金を生む経済」の限界を感じ、「文化資本」に基く、人の手わざ・智慧などを生かす「西陣の再活性化」に向うべきと考えるに到りました。そして私を含めた次の世代には、この方向性が広がりつつあります。
　「文化資本」・「文化経営」・「文化経済」とは？ を難しく考えたり思い込むよりも、
①「文化資本」とは、その土地から生まれる恵み
②「文化経営」とは、その土地の恵みを活かす技
③「文化経済」とは、土地の恵みを結びつける人のつながり（結い）
　と捉えて、日々と仕事の合間を縫って新しいネットワーク作りに苦心する毎日です。
　最後に、遠野の地で育まれた「文化資本」と京都の地で育った「文化資本」の交流がこれからの「文化経済の発展」になるものと信じております[*4]。

注及び参考文献：

＊1　グローバリゼーションの定義については、文化、社会、経済の「地球規模化」であるとの説が主として普及されてきた。例えば、ダニ・ロドリック（Dani Rodrik、1957年8月14日-）の主著、Dani Rodrik, The globalization paradox: democracy and the future of the world economy, W. W. Norton, 2011.（ダニ・ロドリック著、柴山桂太・大川良文訳『グローバリゼーション・パラドクス——世界経済の未来を決める三つの道』白水社、2013年）を参照。なお、文化と経済を主題としたグローバリゼーションの解明は、デビッド・スロスビーの著書を参照。（Throsby David Economics of Culturallicy（デビッド・スロスビー著、後藤和子・阪本崇『文化政策の経済学』）

＊2　R. E. Caves, Creative Industries, Contracts between Art and Commerce, Harvard U. P., 2000.

＊3　北野裕子著『生き続ける300年の織リモノづくり』新評論、参照。

＊4　池上惇「文化経営学・文化政策学」講義、西陣織工業組合『西陣の歴史』など参照。

終わりに
地域の発展と文化
—— 本書によせて

京都大学名誉教授　山田浩之

　遠野と京都の文化交流が進んでいる。
　遠野も京都も、それぞれ独自に、日本の地域文化を代表する、個性的な文化を育んできた。
　文化は多様な交流によって、さらに発展するものである。
　このたび、遠野と京都との文化交流の一里塚として、本書が刊行されることは誠に悦ばしいことであり、両市の多くの関係者のご尽力に対して深く敬意を表したい。
　遠野は、柳田國男の『遠野物語』によって広く知られるようになり、「民話のふるさと」と呼ばれるようになった。
　また、同書は日本の民俗学発展の出発点となり、同書に啓発されて多くの民俗学者が誕生する。そのなかの一人に、澁澤栄一の孫で日本銀行総裁・大蔵大臣を務めた澁澤敬三がいた。
　同氏は、産業界に身をおきながら、柳田國男の影響を受けて、民俗学の研究も進め、遠野をはじめ、各地の民具の蒐集・研究（そのなかにはオシラサマも含まれていた）を行い、民俗学の泰斗、宮本常一を支援して、常民文化研究所の創設に尽力した。また、遠野の佐々木喜善による民間伝承の探訪調査を高く評価している。
　さらに注目すべきは、澁澤敬三は戦前から民俗学に関する学会や公立研究所を構想し、政府にも提案していたことではあるまいか。今に通じる研究所・大学院づくりでもある。
　公立研究所の実現が困難と見るや、彼は自らの収集品を収める博物館、——「屋根裏部屋の博物館」(The Attic Museum) —— を自費で開設した。

後の1974年、梅棹忠夫を中心とする文化人類学者・民族学グループの運動によって「国立民族学博物館」が創設されたとき、澁澤の蒐集品は同博物館に収納されることになる。澁澤敬三の志は京都学派の梅棹忠夫に引き継がれ、実現されたのである。現在、同博物館は大学院研究科を持っている。遠野と京都をつなぐ縁の深さが偲ばれる物語であった。

　なお、私は、梅棹忠夫から、博物館などの文化施設の経済波及効果を研究してほしいとの依頼を受け、共同研究を組織して、『文化施設の経済効果──国立民族学博物館をモデルとして──（総合研究開発機構、1981年）』の研究を行った。この研究は、梅棹忠夫から「文化経済学事始め」という評価をいただき、この縁で日本の文化経済学会の創設にもご支援を頂戴した。

　もうおひとり、遠野物語から学んで京都から学術情報を発信した学者がおられる。

　それは、京都大学教授であった、文化人類学者、米山俊直である。かれは、『遠野物語』に触発されて、地域を単位として日本文化を把握する方法を発見した。それは『小盆地宇宙』という考え方で、遠野や京都をモデルとしていた（『小盆地宇宙と日本文化』1989年）。これによると、日本文化は、小盆地宇宙で形成された個性的な地域文化の集合と連携のなかで発展してきたとみるのである。

　京都（おたぎ＝愛宕、やましろ＝山城）も、元をただせば、山に囲まれた小盆地の一つである。しかし、都（平安京）ともなれば、国際的な文化交流の中で、中国初の都市計画が施され、自然の環境と人工の都市計画が織りなす微妙な雰囲気の中で、多様な文化と産業、生活様式を育んできた。

　清水の舞台、源氏物語、世阿弥の能楽、琳派芸術、西陣織の地場産業、陶芸の世界、世界からの文化を凝縮した祇園祭、四季の行事・生活習慣など、多彩な伝統文化、芸術文化は、伝統と創造を統合した日本文化の結晶である。京都を古都のイメージに固定する傾向もないわけではないが、現在も生きている伝統は、それが生まれた時代には革新であった。このことを銘記すべきであろう。

　京都人・梅棹忠夫は次のように述べている。

　「京都は古都ではないという意識が京都人にはある。京都はいま生きている

都市であり、古都保存法の適用など、とんでもないという感じがある。……京都は近代都市なのだ。

　事実、中世以来の一大商工業都市でもある。その意味で、川端康成の『古都』という小説には、異議あり、ということになる」(『京都の精神』1987年)

　ここまで云われると、やや、怯まれる向きもあろうとは思うが、真意は、地域の伝統文化を継承しつつ、芸術・学術を創造的に発展させ、現代文明を恐れずに、取捨選択すること。伝統との調和や積極的文化開発を通じて、絶えず、新しい文化都市として発展することが望ましい、ということであろう。

　遠野も「民話のふるさと」などの歴史的なイメージのみに閉じこめられては今後の展望が拓けない。先人が築き上げた貴重な地域文化を継承しながら、一人ひとりが自由に新しい文化創造の道を発見し、歩むこと。そして、遠野は、この道を歩んでいる。

　市民手づくりの舞台『遠野物語ファンタジー』が発表され、昭和58年には優れた地域文化活動としてサントリー地域文化賞の最優秀賞に輝いた。

　東日本大震災に際しては、後方支援拠点として、沿岸地域の人々の命や生活を支え、農業再生をはじめ、復旧・復興に貴重な貢献をされた。この実績は現代における「助け合い＝結（ゆい）」の精神の実践として日本人の記憶に長く残るであろう。

　それらの活動の中から、産学公共の連携による日本初の構想、新しい文化資本『遠野みらい創りカレッジ』も誕生した。

　遠野も京都も、それぞれの舞台で、個性的な文化資本を蓄積しつつ、多様な文化活動を展開している。一層の発展のために、互いに学び合い育ちあう文化交流を進め、深い相互理解と、信頼関係の下で、新たな創造と未来への飛躍を期待したい。

謝辞──編集を終えて

　柳田國男先生が世に出された『遠野物語』は日本歴史の原点ともいうべき時と場所に実証的な研究の道を拓いた。それまでは、どちらかといえば、古事記に象徴される神話からの接近方法であったが、東北の民話から日本人の暮らし、山と里の交流や共生の姿が観えてきたのである。

　なかでも、「オシラサマ」は、桑の枝に植物繊維を絡ませて男女の愛と犠牲、それによって養蚕の技術が誕生したことを暗示する。それは"まごころ"のシンボルであり、日本人の愛の原点、同時に、日本産業文化の曙であった。森林と鉱山の山人が稲作を担う里の民と"まごころ"を通わせ、交流して植物繊維の衣文化を生み出したのである。

　さらに、東日本大震災の最中に、遠野が後方支援基地としての歴史的役割を果たされてこられたこと、さらに、今回の大災害からの人間復興を中心的に担われてこられたこと。

　これらの真心からの尊い"営み"は、本書の執筆者たちを結びつける命綱となった。

　遠野と京都という二つの都は、遠く離れた位置にあり、相当な時間と資金の支出を覚悟しなければ互いに顔をあわせて声を掛け合うこともできない。言語や文化においても、相当な違いがある。それにもかかわらず、冒頭の遠野市長、京都市長のメッセージには、両地の持つ共通の基盤として"両市民の高い精神性"があることを格調高く語られている。

　また、震災復興活動の中から、両市に出会いの場を生み出して「遠野みらい創りカレッジ」という"学び舎"を自治体と共に構築された富士ゼロックス株式会社の栗原社長の御貢献にも感動した。同社が「コミュニケーション技術」を通じて、両市の「真心の交流」を実現していただいたことも有史以来の出来事であろう。

　これらの忘れがたい"営み"の集大成として本書は誕生した。

　本書の刊行に当たっては、水曜社の仙道弘生社主に、心からのご支援を頂戴し、同社の刊行する「文化とまちづくり叢書」の一冊に加えていただくことなっ

た。本書は、地域創生の歴史と経験を総括する本の中でも、前代未聞の「地域比較」の枠組みを持った刊行物であったし、両市民、富士ゼロックスの復興支援活動の"語り"が主内容であったので、いわば素人集団の作品集である。出版には相当な覚悟の必要な企画であったことと思う。厚く御礼を申し上げたい。

　編集の基軸となっていただいた、樋口さん、浅沼さんや小山さんには、遠野みらい創りカレッジ創設という重いお仕事、さらに、超ご多忙の日常の暮らしの中で、極めて質の高い「現代地域創生物語」としての「遠野と京都の二都をつなぐ物語」を完成させていただいた。

　心より感謝し、今後の益々のご活躍を祈念しております。

　本書は、遠野の物語を基軸として編集し、京都中心の「物語」は、すでに、多くの貴重な原稿を頂いていますが、第二冊目として準備を進めます。

　京都を基軸とした企画が実現すれば、さらに、その先には、遠野・京都を総合的に物語る「もう一冊」を展望したい。私共の今後の歩みを、どうか、お見守りくださいますように。

　　　2015年夏

　　　　　　　　　　　　　　　　　　　　　　　京都大文字の濃緑を眼に

編著：遠野みらい創りカレッジ

東日本大震災の被災地を地域が一丸となって後方から支援した遠野市と、復興支援を継続的な活動として実践する富士ゼロックス株式会社が、行政・企業組織の枠組みを超えて"触れ合うように学ぶ場"として設立したのが「遠野みらい創りカレッジ」。開講年度の2014年は、域内外から延べ約4,000名の人々が学びを目的に訪れ、農家民泊を中心に1,800名が宿泊。遠野市の交流人口拡大を支援することとなった。2015年度は、"交流""暮らしと文化""産業創造"の3つの基幹プログラムが開講され、新たな事業や雇用を生み出すための議論が日々なされている。ここで実践されるプログラムは「みらい創り活動」として、取り組むべき課題に対する解決策を参加者全員で発見・実現することを目的としている。そして、この活動の高い成果の確保を通じ、地域のリーダーを育成することも狙いのひとつとしている。

編集者
◎池上 惇（いけがみ じゅん）
1933年大阪市生まれ。京都大学経済学部で学び、同研究科を経て、京都大学教授、財政学・文化経済学担当。経済学博士。経済学部長時代、社会人大学院、現代経済学専攻を設置。定年後は、福井県立大学、京都橘大学で社会人大学院教育に専心する。現在は、京都で、一般公益法人・文化政策・まちづくり大学校（市民大学院）を市立成徳中学校廃校で開校。代表者として全国を回りつつ、通信制の社会人学術人を育成し、学術出版を推奨し、経済学博士などの論文博士執筆をも奨励している。研究教育における長年の功績で2012年、瑞宝中綬章を受章。国際文化政策研究教育学会会長。遠野・京都文化資本研究会代表。本書編集責任者。

◎樋口邦史（ひぐち くにし）
1960年静岡県生まれ。1983年成城大学経済学部卒業、同年富士ゼロックス株式会社入社、静岡支店、トヨタ営業部等を経て、現在 営業計画部復興推進室 室長。2011年3月東京理科大学専門職大学院 総合科学技術経営専攻卒業後、同大大学院イノベーション研究科イノベーション専攻博士後期課程へ進学。2014年3月単位取得満期退学（技術経営修士）。同年4月遠野みらい創りカレッジ設立以来、総合プロデューサーとして首都圏と遠野を往復して業務に当たっている。遠野・京都文化資本研究会コーディネーター。

◎浅沼亜希子（あさぬま あきこ）
1974年東京生まれ。東京で野生生物・自然環境について学び、東アフリカを経由して1999年岩手県遠野郷へ移住。コテージ管理人、産地直売所の事務員などを経て、2003年のNPO法人遠野山・里・暮らしネットワークの立上げから関わり、現在は民泊受け入れや移住・定住等を主担当。持ち前の図太さを武器に、さまざまな市民活動に参加。消耗されない地方をコーディネートできるよう、ネットワーク作りに勤しんでいる。

◎小山美光（おやま よしこ）
1950年遠野市生まれ。1972年相模女子大学学芸学部卒業後、同大学一般教育研究室勤務。退職後、夫の転勤に伴い自宅に「わらしゃんど」を主宰し、縁側文庫 ちびっこクラブ 人形劇団 などで地域交流を計る。2007年遠野市にUターン。21世紀東アジア青少年大交流計画に伴うマレーシア人の民泊依頼に始まり、遠野民泊協会会員として中高生教育旅行、姉妹都市交流、企業研修、グリーンツーリズム等と、農村に暮らす民家に宿泊を、という得難い体験をさせていただいている。

地域社会の未来をひらく
遠野・京都二都をつなぐ物語

発行日	2015年9月11日 初版第一刷
編著	遠野みらい創りカレッジ
発行人	仙道弘生
発行所	株式会社 水曜社
	160-0022
	東京都新宿区新宿1-14-12
	tel 03-3351-8768　fax 03-5362-7279
	URL www.bookdom.net/suiyosha/
デザイン	井川祥子（iga3 office）
印刷	日本ハイコム 株式会社

©Tonocollege 2015, Printed in Japan
ISBN：978-4-88065-368-6 C0036

定価は表紙に表示してあります。
落丁・乱丁本はお取り替えいたします。